加藤寿宏●監修
高畑脩平・田中佳子・大久保めぐみ●編著

乳幼児期の感覚統合遊び
保育士と作業療法士のコラボレーション

最近、保育の現場から「話を最後まで聞けない」「椅子に座れない」「すぐにキレる」「不器用」など、子どもの発達に関する相談が増えています。また、小学校からは、「ひらがなや漢字の読み書きが上手くできない」「鉛筆を上手く握れない」「休み時間からの切り替えができず騒がしい」など、学習や規律に関する相談が増えています。なぜ、このような問題が増えているのでしょうか？　問題の背景には何があるのでしょうか？

　一つの視点として「現代社会の弊害」といった考え方があります。すなわち、世の中に便利な物が増えるにつれ、人間は身体と頭を使わなくなったということです。また、子どもの遊び環境の変化もその一つです。公園の遊具は撤去され「木登り禁止」「ボール遊び禁止」の看板もよく見かける風景だと思います。そのため、子どもたちは、身体を使った創造的な遊びを行う機会が大変少なくなりました。このような「遊び」の変化が、最近の保育・教育現場での問題と関連しているのかもしれません。

　そこで本書では、子どもの「遊び」の意義について考え、遊びを通して子どもたちに育んでほしい力を感覚統合の視点から再考したいと思います。書店に行けば、「遊び」について執筆された書籍は山のようにあると思いますが、「集団遊び」のプロである保育士と、「遊びの分析」のプロである作業療法士が協働し、執筆した著書は他に例をみません。ぜひ、本書をお読みいただき、明日からの実践に活かされることを願っています。

執筆者　一同

乳幼児期の感覚統合遊び
CONTENTs

はじめに　　3

PART 1　感覚統合とは？　　7

1. 感覚統合とは　　8
2. 感覚について　　9
   - 触覚　　10
   - 前庭覚　　12
   - 固有受容覚　　14
3. 感覚の感じ方　　16
4. 感覚の感じ方と脳の働き　　17

PART 2　感覚統合の発達　　19

1. 感覚統合の発達　　20
2. 姿勢　　21
   - 姿勢の発達　　22
   - 1 抗重力姿勢（重力に負けるな）　　23
   - 2 バランス　　25
3. 眼球運動　　27
   - 眼球運動の発達　　28
   - 眼球運動の段階づけ　　30
4. 身体図式　　31
   - 身体図式の発達　　32
   - 1 身体の地図の把握　　33
   - 2 身体の機能の把握　　34

⑤	運動企画	35
	● 運動企画の発達	36
⑥	巧緻動作	37
	● 巧緻動作の発達	38
	● 1 姿勢と巧緻動作	39
	● 2 触覚・固有受容覚と巧緻動作	40
⑦	ことば	41
	● ことばの発達	42
	● 「言えることば」と「わかること」のつながり	42
	● 「ことがらがわかる」ことと感覚のつながり	43
	● 「文章を話す力」と「行動・運動を順序よく組み立てる力」のつながり	44

PART 3　保育活動　47
～乳幼児期の感覚統合遊び～

0歳児	「サーキット遊び①」〜傾斜のあるはしご登り＆台の上から布団にダイブ〜	50
	「ゲームボックスくぐり」〜ゲームボックスの穴にもぐったり、くぐったりして楽しもう〜	52
	「マットのお山の登り降り」	54
	「コロパン（円柱形）遊び」	56
	「ポットン落とし」	58
1歳児	「トランポリンでピョンピョン」	60
	「バランスボールでのジャンプ」	62
	「サーキット遊び②」	64
	「ウレタン積み木」	66
	「斜面登り」	68
2歳児	「新聞紙で遊ぼう」	70

	「木に登ってみよう」	72
	「鉄棒わたり」 〜2本の鉄棒を平行に並べた上を座位または腹這いで渡る〜	74
	「シーツブランコ」	76
3歳児	「カプラ遊び」	78
	「バルーン遊び」	80
	「飛び石わたり」	82
	「人間アスレチック」	84
	「サーキット遊び③」	86
4歳児	「空手のまねっこ」	90
	「お当番さんの仕事（おやつ準備）」	92
	「手押し車」	94
	「平均棒キャットウォーク」	96
	「芝滑り」	98
5歳児	「雑巾作り」	100
	「雑巾がけ」	102
	「カラーコーン倒し」	104
	「縄跳び作り」	106
	「縄跳び」	108

参考文献		110
おわりに		111

COLUMN
- 自分の感覚特性を知ろう　18
- 言語理解と発話の能力に関わる共同注意とは…　45
- 協業における日米の比較　46
- 私たちも環境Ⅰ　88
- 子どもたちの「やりたい」をかなえるために必要な視点〜私たちも環境Ⅱ〜　89

感覚統合とは？

PART 1

1 感覚統合とは

　米国の作業療法士であるエアーズ博士は、人間の発達や行動を、脳における感覚情報の統合という視点からとらえた感覚統合理論[1]を作りました。感覚統合理論は、子どもの発達、行動、学習を支援する上で大切な視点を与えてくれます。

　「脳」というと難しく聞こえますが、脳が発達する大前提として、子どもも大人も **「楽しい活動」「ちょうど良いチャレンジとなる活動」** に取り組み **「成功したときの達成感」** を得られることが重要であると言われています。

　感覚統合理論では、上の3つを大切にしています。
　そのため、子どもたちにとって「楽しい」と思えることを重視しています。

　感覚統合には、以下の3つの大切な原則があります。

❶「感覚は脳の栄養素である」
❷「感覚入力には交通整理が必要である」
❸「感覚統合は積み木を積み上げるように発達する」

2 感覚について

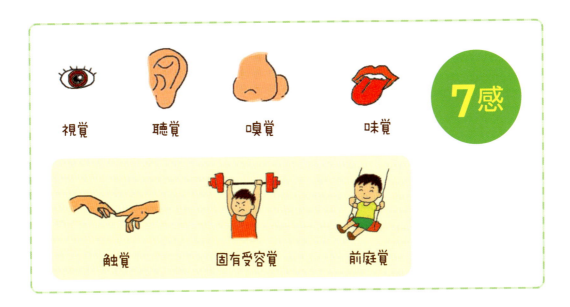

　私たちは、光や音などの刺激を情報として受け取って生活しています。その刺激を「感覚」といいます。

　"5感"と呼ばれている視覚、聴覚、嗅覚、味覚、触覚はなじみ深い感覚ですが、これ以外にも、重力を含めた加速度を感じ、身体の傾きや動きを感じる前庭覚、筋肉や関節の状態を感じる固有受容覚など、普段は意識にのぼらない感覚があります。しかしこれらの感覚は、感覚統合において非常に重要な役割を果たしています。それらを含む7つの感覚（7感）を通して私たちは周囲の状況を把握し行動しています。

　また、脳にとって感覚は重要な栄養素です。感覚は、脳が適切な機能を果たすために必要不可欠であり、集中力や注意力にも影響します。

　感覚統合理論を体系化したエアーズ博士は、これらの感覚の中でも特に「触覚、前庭覚、固有受容覚」の重要性を強調しています。そこで、7感のうちの触覚、前庭覚、固有受容覚を取り上げて説明します。

触覚

受容器（感じる場所）

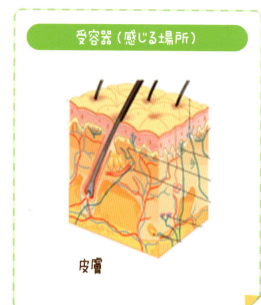

皮膚

種類

触れたことを感じる

温度　　痛み

主なはたらき

情緒の安定

防衛する

識別する

身体の地図の把握

触覚は触ったり、触られたりすることを感じる感覚で、皮膚を通して感じます。針でちくっと刺された痛み、水を触ったときの温度、毛布の柔らかさなどを感じる感覚です。
　触覚には主に、以下の4つのはたらきがあります。

1 情緒を安定させるはたらき

　お母さんに抱っこされたときの肌と肌のふれあいや、毛布でくるまれたときの心地よさが情緒を安定させることにつながります。泣いている子どもをあやすときに、やさしく背中をさすりますよね。これも触覚を通して、情緒の安定を促していると言えます。

2 防衛するはたらき

　熱いやかんに触れた瞬間に、手をやかんからパッと離します。また腕に虫が止まると、さっと払いのけます。このように皮膚を通して、危険を感じたときに、防衛するはたらきが触覚にはあります。

3 識別するはたらき

　5円玉と切符が入っているポケットから、5円玉を取り出すとします。私たちはポケットの中を見なくても、間違えずに5円玉を取り出すことができると思います。それは、素材の違いなどを触覚によって識別しているからです。この識別する能力は、手の器用さにもつながっていきます。　　　　　　⇒「p.37 巧緻動作」参照

4 身体の地図を把握するはたらき

　触覚は身体の地図を把握するために必要な感覚です。皮膚は自分の身体と外界との境界にあるため、皮膚から感じる触覚を通して、私たちは自分の身体の輪郭を感じることができます。これらが、自分の身体の大きさや長さなどを把握する基になっていきます。　　　　　　　　　　⇒「p.33 身体の地図の把握」参照

→ 前庭覚

受容器（感じる場所）

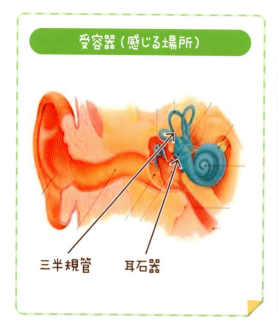

三半規管　耳石器

種類

揺れ　傾き
重力　スピード

主なはたらき

覚醒

抗重力姿勢

バランス

眼球運動

身体の機能の把握

前庭覚は自分の身体の傾きやスピード、回転を感じる感覚です。受容器は耳の奥にある、耳石器と三半規管です。
　前庭覚には主に、以下の5つのはたらきがあります。

1 覚醒を調節するはたらき

　前庭覚は覚醒（脳の目覚め具合）と大きく関連しています。例えば、授業中に眠くなったとき、頭を振って、目を覚まそうとした経験はありませんか？　これは脳がぼんやりしているときに、前庭覚を取り入れることで、シャキッと脳が目覚めて、エンジンがかかりやすくなるからです。

2 重力に抗して姿勢を保つはたらき（抗重力姿勢）

　私たちが地球上で生きていくためには、身体が重力に負けていては生活できません。何か活動をするときには、重力に抗して、身体を持ち上げて姿勢を保つ必要があります。この重力を感じるのは前庭覚のはたらきです。

3 バランスをとるはたらき

　バランスをとるときに、自分の身体が傾いているかどうかを素早く感じるのは主に前庭覚のはたらきです。

4 眼球運動をサポートするはたらき

　くるくる回転したら、目も回りますね。これは、回転という前庭覚が眼球を動かす筋肉と連動し、目が回るという仕組みで起こります。このように前庭覚と眼球を動かす筋肉には関連があります。　　　　　　⇒「p.27 眼球運動」参照

5 身体の機能を把握するはたらき

　前庭覚は、固有受容覚とともに自分の身体の機能を把握するために必要な感覚の一つです。　　　　　　　　　　　　　　⇒「p.34 身体の機能の把握」参照

固有受容覚

受容器（感じる場所）

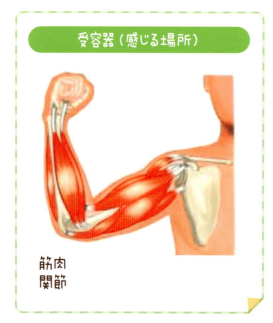

筋肉
関節

種類

位置　動き　力

主なはたらき

力加減

運動コントロール

抗重力姿勢

バランス

情緒の安定

身体の地図・機能の把握

固有受容覚は自分の身体の位置や動き、力の入れ具合を感じる感覚で、筋肉や関節の中に受容器があります。固有受容覚には主に、以下の7つのはたらきがあります。

1 力を加減するはたらき
　机や椅子を運ぶときはギュッと手に力を入れて持ちます。逆に、豆腐や卵を持つときはそっとやさしく持ちます。このように、活動によって、私たちは力を加減しています。そのときに、重要な役割を果たしている感覚が固有受容覚です。

2 運動をコントロールするはたらき
　ジェンガを行うときは、ゆっくりと手を動かす（肩・肘の関節をゆっくり動かす）と思います。このように、関節をゆっくりと曲げ伸ばしできるのも固有受容覚がしっかりはたらいているからです。

3 重力に抗して姿勢を保つはたらき（抗重力姿勢）
　手を使った活動をするときには、重力に抗して、身体を持ち上げて持続的に姿勢を保つ必要があります。持続的に姿勢を保つのは固有受容覚のはたらきです。

4 バランスをとるはたらき
　バランスをとるときに、自分の身体の傾きを感じるのは主に前庭覚のはたらきですが、転ばないようにすばやく筋肉を調整して姿勢を保つことは、主に固有受容覚のはたらきです。

5 情緒を安定させるはたらき
　例えば、緊張しているときに貧乏ゆすりをしたり、イライラしているときに奥歯を強く噛んで口に力を入れたりしたことはありませんか？　このように固有受容覚を感じることで、情緒を安定させるはたらきがあります。

6 身体の地図を把握するはたらき
　固有受容覚は、触覚とともに身体の地図を把握するために必要な感覚の一つです。

⇒「p.33 身体の地図の把握」参照

7 身体の機能を把握するはたらき
　固有受容覚は、前庭覚とともに身体の機能を把握するために必要な感覚の一つです。

⇒「p.34 身体の機能の把握」参照

③ 感覚の感じ方

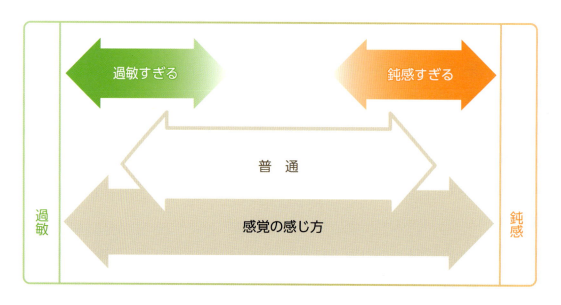

- 同じ感覚刺激でも、感じ方は人それぞれである
- 感じ方は、体調や脳の目覚め度合いなどで変動する
- 一人の人の中でも感覚の種類により、感じ方は違う（例えば、触覚は過敏だが固有受容覚は鈍感など）

過敏な人のエピソード例		鈍感な人のエピソード例
・視覚刺激が多いと落ち着かなくなる	👁	
・耳をふさぐ ・人ごみを避ける	👂	・呼んでも振り向かない ・音の聞き間違い
・人ごみを避ける（列に並ぶのを嫌がる） ・服のタグを嫌う ・手が汚れるのを嫌う	✋	・指すい・汚れることに鈍感 ・友だちにベタベタ触る ・スキンシップを求める
	🏋	・力加減ができない・クレヨンが折れる ・大きな衝撃を求める・物の扱いが雑 ・爪かみをする
・高さや揺れが怖い ・動きが慎重	🧒	・高い所に登りたがる ・走り回る・クルクル回る ・ピョンピョン跳ぶ

感覚の感じ方 と 脳のはたらき

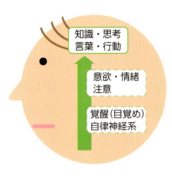

覚醒とは、脳の目覚めの程度をいいます。一般的に覚醒が低いとぼんやりした状態に、逆に覚醒が高いと興奮した状態になります。

脳の覚醒が適切な状態にあることが、**情緒の安定、学習・行動**を保証する条件となります。

脳の覚醒を調節するためには感覚刺激は必要不可欠となります。この感覚刺激の受け取り方に偏りがあると、以下のような状態になる可能性があります。

能動的

感覚回避

感覚刺激に対して反応しやすいため、注意散漫な状態や、衝動的で攻撃的に見える傾向がある。覚醒は高い傾向にある。

感覚探究

足りない感覚刺激を補おうと、多量の感覚刺激を取り入れようとするため（太矢印）、衝動的でリスクの高い（例：高い所から飛び降りる）行動をとる傾向にある。

過敏 ← → 鈍感

感覚過敏
 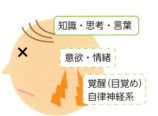

感覚刺激に対して反応しやすいため、怖がったり、過度に用心深い傾向にある。また、涙もろくて不安になりやすく、静かな場所や一人でいることを好む傾向にある。覚醒は高い傾向にある。

低反応
 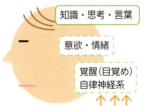

感覚刺激が脳に届きにくいため、覚醒が低く、ぼんやりしている。そのため、気付きにくさや注意集中が持続しにくい傾向がある。また、表情が乏しく見える。

受動的

COLUMN

自分の感覚特性を知ろう

　感覚は主観です。すなわち、自分の感じ方しか知らないので、他人がどのように感じているかは推測でしかわからないのです。例えば、同じ部屋にいても「この部屋臭い」という人もいれば「まったく臭わない」という人もいるでしょう。これは嗅覚の感じ方の違いです。また、濃い味付けが好きな人もいれば薄味が好きな人もいるでしょう。これは味覚の感じ方の違いです。

　このように、7つの感覚すべてにおいて、人それぞれ感じ方の違い（過敏、鈍感）をもっているのです。感覚の視点をもつことは、他人を理解することの一助になると思われます。いくつか例をあげて見てみましょう。

●ジェットコースターが好きな人と苦手な人、その違いは？

　これは前庭覚の刺激に対する感じ方の違いです。ジェットコースターが苦手な人は前庭覚が過敏傾向であり、ジェットコースターのような大きな前庭覚の刺激が入ってくると「恐怖」「不快」と感じます。逆に、ジェットコースターが大好きな人は前庭覚が鈍感傾向であり、大きな刺激が入ってくると「楽しい」「快」と感じることになります。

　前庭覚が鈍感な人（ジェットコースターが好きな人）は、前庭覚の刺激がある方が脳の覚醒状態を良好に保てるため、日常生活でも常に動いている方が調子が良いといったタイプの人が多いと思われます。

●ライブやディスコ・クラブが大好きな人と嫌いな人、その違いは？

　ライブの状況を分析すると、大きな刺激（視覚からは人の動き・光が、聴覚からは歌声や音楽や人のザワザワ感が、触覚からは隣の人と触れる）がたくさん入ってきます。すなわち、刺激がたくさんほしいタイプの人はライブが好きな傾向（少なくとも苦痛ではない）にあります。逆に、過敏な人にとっては、視覚・聴覚・触覚の大きな刺激は、どうも苦痛であり、好んで足を運ぶことはないでしょう。

　もちろん、感覚以外にもたくさん影響する原因があって、人の行動が生まれてきます。感覚は人の行動を理解する一つの方法としてとらえるとよいかと思います。

感覚統合の発達

PART 2

感覚統合の発達

　PART2では、感覚統合の発達について紹介します。感覚統合の発達における3つ目の法則「感覚統合はピラミッドのように発達する」という部分に該当します。
　人がいろんなことを習得していくためには、適切な順番があります。例えば、長時間座るための姿勢を保持する能力がないのに、勉強を集中して行うというのは無理な話です。また、形の概念がわからないのに、ひらがなや漢字を練習しても「できない」という経験だけが蓄積されていくはずです。ここでは、これらの発達の順序を積み木のピラミッドにたとえて紹介します。

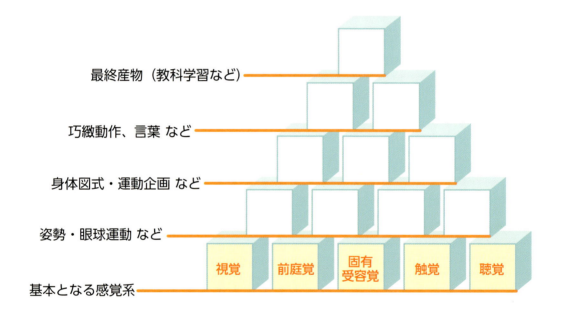

　まず基本となるのは、視覚、前庭覚、固有受容覚、触覚、聴覚です。これらの基本となる感覚を基に、子どもたちはピラミッドのように積み木を積み上げていくことになります。その過程を順に見ていきましょう。

2 姿　勢

●最近、小学校の先生からよく聞く話

　姿勢の発達が未熟であると、このようなことが起きます。
　これに対して、「姿勢を整えなさい」「ピシッとしなさい」といった指導がされるのが一般的です。しかし、そのときはピシッと姿勢を正しても、すぐに元の姿に戻ってしまいます。

　なぜでしょうか？
　答えは簡単！　姿勢は意識して正すものではなく無意識的にコントロールされるものであるからです。電車で眠っていて頭が傾いたのをきっかけに目を覚ますことは、誰しもが体験したことではないでしょうか。また、電車が急ブレーキをかけたときに反射的にバランスをとるはずです。これも無意識に姿勢がコントロールされている証拠です。

姿勢の発達

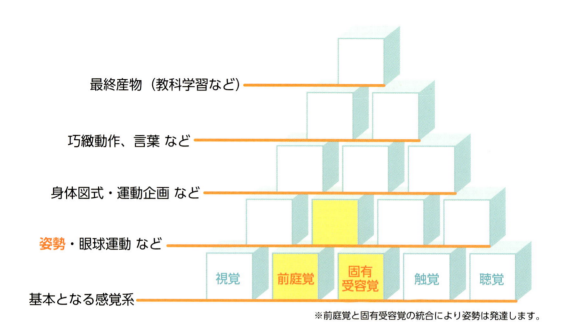

- 最終産物（教科学習など）
- 巧緻動作、言葉 など
- 身体図式・運動企画 など
- **姿勢**・眼球運動 など
- 基本となる感覚系：視覚／**前庭覚**／**固有受容覚**／触覚／聴覚

※前庭覚と固有受容覚の統合により姿勢は発達します。

「姿勢」の中にも大きく分けると以下の2つの機能があります。

1 抗重力姿勢

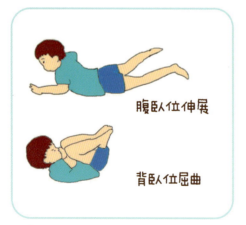

腹臥位伸展

背臥位屈曲

2 バランス

→ ① 抗重力姿勢（重力に負けるな）

① 腹臥位伸展（うつぶせで伸びーる）

② 背臥位屈曲（仰向けでまるくなーる）

抗重力姿勢が発達すると…

背臥位屈曲

腹臥位伸展

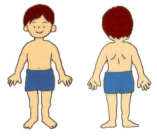
体幹が安定する

腹筋群の発達は、運動を調整する力（ブレーキ機能）を高める

背筋群の発達は、運動を開始する力（アクセル機能）を高める

● **体幹が安定すると…**

・シャキッと座れる＆立てる

・手足や眼が使いやすくなる

・アクセル＆ブレーキが成熟する

発達の法則①

「中枢から末梢へ」という発達の法則があります。ここで言う中枢とは、体の中心部である首や体幹を意味します。末梢とは体の末端である手足を意味します。

すなわち、体幹が安定することで手足が使いやすくなるということを意味します。また首が安定することで、眼の運動がなめらかになります。

➡ ② バランス

- 傾きを感じて（前庭覚）筋肉に入れる力を調整する（固有受容覚）
- 傾きを感じて（前庭覚）身体や足を上手くバランスが保てる位置に決める（固有受容覚）

発達の法則②

　乳児期のバランスの発達は、①前後方向、②左右方向、③回旋（捻り）方向の順に発達します。これは、座る、立つ、歩くのすべてで共通する法則です。

①前後方向　　　　　②左右方向　　　　　③回旋方向

中心・軸の発達とラテラリティ

①**中心軸が定まる**

発達の法則でも述べたように、中枢から末梢へという発達の法則があります。バランスの発達と中心軸が定まることは強い関係があります。

すなわち、「右へ傾いている」「左へ傾いている」といった経験をもとに、「中心」がわかるということです。

②**左右の手足が協調する**

中心軸が定まると、手足を自由に動かせるようになってきます（p.24 発達の法則①）。これは乳児期の発達を観察しているとわかります。座位でバランスがとれるようになると、次第に手を自由に使うようになってきます。また、次に手足の動きが自由になってくると、手足の動かし方にも変化が出てきます。

はじめは両手・両足を同時に動かしていたのが、徐々に右手と左手が異なる動きができるようになってきます（②左右の手足が協調する）。

③**ラテラリティの発達**

次の段階として、右手と左手が異なる役割を担った動きができるようになります。これをラテラリティの発達と言います。

ラテラリティとは？

ラテラリティとは、身体の一側が他側よりも優先的に用いられ、よりすぐれた遂行をすることと定義されています[2]。すなわち利き手や利き足、利き目が決定してくることを言います。一般的には、右利きの人は左脳が優位で、左利きの人は右脳が優位であると言われています。

行動として、右手でスプーンやお箸を操作し左手でお茶碗を持つ、右手でハサミを動かし左手で紙を送る、右手でクレヨンを操作し左手で紙を押さえる、右手で鉛筆を操作し左手で定規を押さえるなど、生活や学習の基本動作にも多数含まれる、重要な発達ステップです。

3 眼球運動

●最近、小学校の先生からよく聞く話

　眼球運動の発達が未熟であると、このようなことが起きます。
　これに対して、「おうちで本読みの練習をしなさい」「早くしなさい」といった指導がされるかと思います。しかし、たくさん読む練習をすればスラスラ読めるようになるのでしょうか？　板書に時間がかかるのは、のんびりしているからでしょうか？

　私たちは無意識に目を動かせることで、自分が止まっていても動いていても、近くのもの、遠くのもの、動いているものに自然と視線を向けることができます。また、初めて見た文章もスラスラ読むことができ、近くのものを見て遠くを見ても、すぐにピントが合うようになっています。
　そして、走りながら動くものを見ることもできます。これらは、前庭—動眼反射という神経回路が、しっかりとはたらくことで可能になります。この前庭—動眼反射は、カメラの手振れ補正機能に似たはたらきをする神経回路となります。
　ここでは、代表的な3つの眼球運動について紹介します。

→ 眼球運動の発達

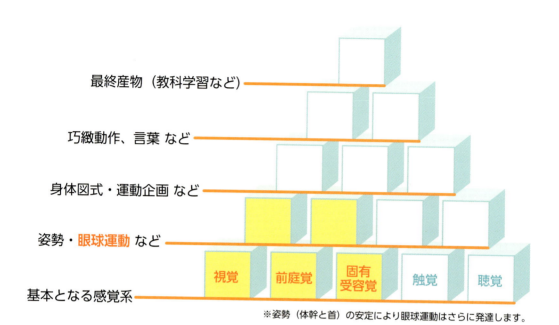

- 最終産物（教科学習など）
- 巧緻動作、言葉 など
- 身体図式・運動企画 など
- 姿勢・眼球運動 など
- 基本となる感覚系：視覚／前庭覚／固有受容覚／触覚／聴覚

※姿勢（体幹と首）の安定により眼球運動はさらに発達します。

「眼球運動」は大きく分けると以下の3種類があります。

1 追視	2 注視点移行	3 輻輳・開散（ふくそう）

1 追視

動く物を見失わずに見続けたり、並んでいるものを順に目で追うことができます。

2 注視点移行

すばやく視点を他へ移すことができます。主に状況把握や場面認知にも役立ちます。

3 輻輳・開散

近くの物から遠くへ視点を移すことができます。たとえば板書や楽譜を見ながらピアニカを吹くときなどに役立ちます。

眼球運動の段階づけ

①自分も相手も静止している活動

②自分は動き相手は静止している活動

③自分は静止し相手が動く活動

④自分も相手も動く活動

4 身体図式

●**最近、小学校の先生からよく聞く話**

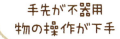

　身体図式の発達が未熟であると、このようなことが起きます。これに対して「早くしなさい」「ぶつからないようによく見るのよ」「しっかり持って」という言葉で指導されることが一般的です。しかし、言葉での指導で上手くいくでしょうか？
　身体図式の発達が未熟であると、早くしたくてもできない、覚えることが難しい、気づきにくいといったことが背景にあるため、指導が、なかなか上手くいかないと思われます。

　私たちは普段、しゃべりながら階段を昇降したり、考えごとをしながら朝の準備をしたり、ぶつからずに人ごみの間を抜けることができます。私たちは身体を無意識的に動かせることで、複数に注意を向けながら動作を行うことが可能です。
　一つひとつ自分の動作を目で見て、確認しなくても身体の大きさや幅を把握し、思ったところに手足を伸ばすことができ、自分の身体がどんなことをできるのかを把握しています。
　身体を思い通りに操作するには、身体図式の発達が欠かせません。私たちは自己（身体図式）が明確になることで、自己以外の環境（モノや人）に上手く関わることができます。

身体図式の発達

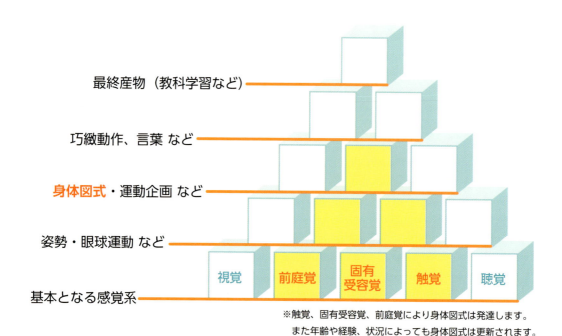

「身体図式」は大きく分けると2つの役割があります。

| 1 身体の地図の把握 | 2 身体の機能の把握 |

図）身体図式の発達とは

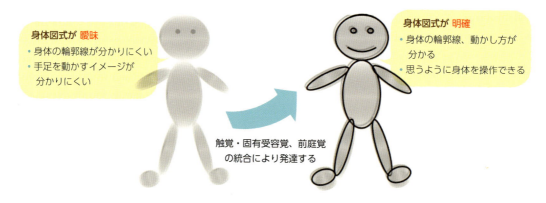

→ ① 身体の地図の把握

どろんこ遊び

プール

電車ごっこ

トンネル

　身体の地図は主に触覚と固有受容覚により発達します。
「自分の身体の輪郭」や「頭や手足など身体の各部の位置関係」や「手足の長さ」や「身体の幅、大きさ」を把握する機能です。
　また、大きな荷物を持って、狭い入り口を通るときは、自分の身体図式に荷物の大きさをプラスした状態を「現在の自分の身体図式」として把握することで環境に適応していきます。身体図式は柔軟性をもっているのです。

② 身体の機能の把握

ゲームボックスよじ登り

飛び石わたり

石垣登り

ジャングルジム

　身体の機能の把握は、主に固有受容覚と前庭覚により発達します。よじ登ったり、しがみついたり、ジャンプしたりするなど環境にチャレンジする中で、どのように手足や体幹を動かすことができるのか、自分には、どの程度の運動能力があるのかを把握する機能です。身体の機能の把握を適切にできることが新しいチャレンジを生みます。

5 運動企画

●最近、小学校の先生からよく聞く話

　運動企画とは、その名の通り「①新しい不慣れな運動を企画（計画）し、②身体の各部分を、あまり意識せずにタイミングよく順序立てて協調させながら、③目的となる運動を実行すること」を意味します。

　たとえば、スキップをするときは「右足に重心を移して、2回床を蹴って、次は左に重心を移して2回床を蹴って…」と手足の動きや重心の位置を複雑に組み合わせ、タイミングよく動かす必要があります。

　スキップを初めて行ったときは、頭で考えて運動企画するため、誰しもぎこちなさがありますが、だんだんと意識しないでリズミカルに動かすことができるようになります。

　もし、運動企画が未熟であると、いつまでも頭で考えて手足を動かすことになるので、とてもぎこちない動きになります。

　また、運動企画が未熟な子どもは、遊びが発展せず同じ遊びばかり行うことになり、発達の中で重要な「見つける→やってみる→気づく→発見する→発展させる→学ぶ」という循環が生まれにくくなります。

運動企画の発達

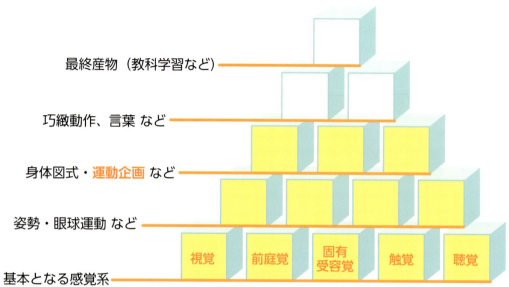

- 最終産物（教科学習など）
- 巧緻動作、言葉 など
- 身体図式・運動企画 など
- 姿勢・眼球運動 など
- 基本となる感覚系

視覚　前庭覚　固有受容覚　触覚　聴覚

※ 姿勢、身体図式などを基に、環境に応じた運動を計画（運動企画）します。すなわち、すべての感覚系を通した発達となります。

右手でここを持って
左手でここを持って
体を捻って
左足を横にスライドさせて…

6 巧緻動作

●最近、小学校の先生からよく聞く話

　「手先が器用」「手先が不器用」とは、何による違いなのでしょうか？　小学校現場では、文房具操作が難しい子どもたちが増えています。これらの子どもたちの幼児期の傾向としては、「スプーン操作が下手」「箸を握って持つ」「ボタンがとめられない」「ハサミが苦手」などの姿が見受けられます。

　日常生活で手を使う活動を思い浮かべてみましょう。例えば、「蛇口から水を出す」という動きに焦点を当ててみます。少し前までは、手でギュッと握って手首を回す蛇口（写真右）だったのが最近では、指や手の甲で上に押し上げるだけで水が出る蛇口（写真左）になってきています。つまり、手を使う機会が減ってきているのです。

巧緻動作の発達

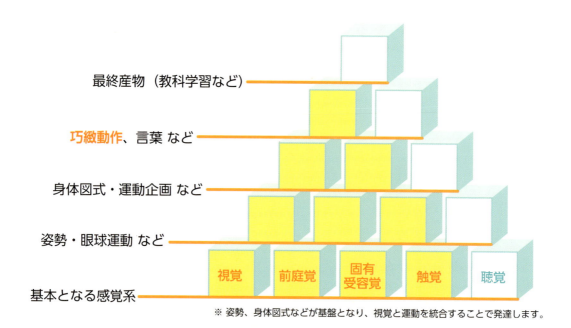

※ 姿勢、身体図式などが基盤となり、視覚と運動を統合することで発達します。

手先の巧緻動作が発達するためには、主に以下の2つの要素が重要です。

① 姿勢の安定

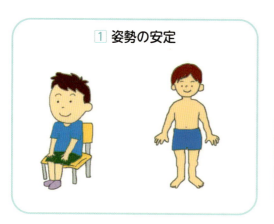

② 手の触覚と固有受容覚

➡ 1 姿勢と巧緻動作

①**発達の法則（中枢から末梢へ）**

先ほどの発達の法則①（p.24参照）を思い出してみてください。「中枢から末梢の順に発達する」という法則です。身体の末端部に位置する手は、体幹の安定性、肩・腕の安定性が確保されて初めて、スムーズに使うことができます。

すなわち、巧緻動作の発達には、中枢の姿勢の発達がその基盤として大変重要です。

②**分離運動（3対2の法則）**

手指を上手く使うには、3対2の法則が重要です。鉛筆操作、箸の操作、靴ひもを結ぶ、などの生活動作は、親指、人差し指、中指を細かく動かします。また、その細かい運動を支えているのが薬指、小指の安定性です。発達的には薬指、小指の安定性が先に発達します。

乳児が這い這いをしている様子を注意深く見ていると外側（すなわち薬指、小指側）に体重がかかっていることがわかります。

鉛筆で文字を書くときも、親指、人差し指、中指を動かしやすくするために、薬指と小指側に体重をかけていきます。

手で体重を支えるという経験は、手指の巧緻動作の発達に影響を及ぼします。

② 触覚・固有受容覚と巧緻動作

①触覚と巧緻動作

　「手袋をはめて折り紙を折る」ということを想像してみてください。おそらく考えただけでイライラすると思います。

　細かい動作を行うときは、指先の触覚を細かく感じ、それに応じた手の使い方をします。

　乳幼児期の砂遊び、泥遊び、水遊び、粘土遊び、粉遊び、フィンガーペインティングなどの触覚遊びは、手指の巧緻動作の発達にとても大切です。

②固有受容覚と巧緻動作

　雪の日、雪合戦をしながら靴ひもを結び直すといった体験はしたことがあるでしょうか？　手の筋肉が冷えると動かしている感覚（固有受容覚）を感じにくくなります。そうすると、靴ひもは上手く結べません。

　このように、巧緻動作を行うときは、手指の運動を固有受容覚を通して細かく感じ、それに応じた力の入れ方をしながら物を操作します。そのため、乳幼児期にたくさんの固有受容覚を含む遊びをしておく必要があります。

　例えば、手を使う遊びはもちろんのこと、雑巾を絞る、洗濯バサミでタオルを挟む、ボタンのかけ外し、料理の手伝いなどの生活動作も、固有受容覚を豊富に含む活動となります。

1 ことば

●最近、小学校の先生からよく聞く話

　ことばの出る仕組みを水鉄砲にたとえると、水鉄砲の口から出るのが音声言語、声に出すことば（speech）です。
　ことばが音になって口から出るためには、水鉄砲のタンクの中に水がたまっている必要があります。たまっている水が、わかることば（language）や概念です。

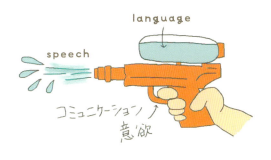

　タンクの水が少ししかなくても、伝えたい気持ちがとても強く、強い力で引き金を引けば、それなりに相手に伝わります。子どもは身振り手振りで伝えようとするかもしれませんし、ときにはそれが叩くという方法になってしまうかもしれません。逆に、タンクの水が満タンであっても、置いてあるだけの水鉄砲からは水は出てきません。引き金を引くエネルギー、「伝えたい」というコミュニケーション意欲が必要です[3]。

ことばの発達

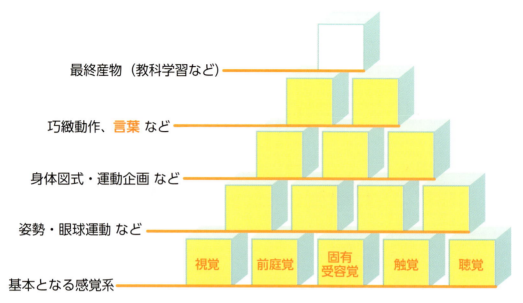

※1 すべての感覚系を通して学習されたイメージに聴覚情報（音声）がラベルされることで発達します。すなわち、体を使った体験が基盤となり、その上に言葉がラベルされているということが重要なポイントです。

※2 アスペルガー症候群（現在は使用されていません）の子どもは、言語機能が高いものの身体を通したコミュニケーション（相手とペースを合わせる、表情を読むなど）は苦手であることが特徴的です。ことばのアセスメントにおいて、量的・質的の双方の視点を持ち合わせることが大切です。

「言えることば」と「わかること」のつながり

ことばを土に埋まっている大根にたとえると、土の上に出ている部分が「言えることば」、土の中に埋まっている部分は「わかること」です。「言えることば」すなわち土の上に出ている部分を大きくしたい場合、土の中の「わかること」が大きく育っていることが

大切です。

　土の中の「わかること」は、「ことがらがわかる」ということと「ことばがわかる」ということの2つに分けられます。毎日の体験が「わかることがら」を増やしていきます。

　ことがらを体験するときに「ジュース飲もうね」と声をかけてもらうことで、「ジュース」「飲む」などを耳で聞き、ことばとして覚え、「わかることば」が増えていきます。

「ことがらがわかる」ことと感覚のつながり

　みなさんは「りんご」と聞いてどんなことを思い浮かべますか？

　「赤くて、甘い」「丸くてつるつるしている」…これらのイメージは、いろんな種類の感覚の情報からできています。「ことがらがわかる」ためには、それまでに何回も見たり、食べたり、という体験の中で、いろんな感覚の情報を統合することが大切です。

　例えば、目の前にりんごがあるとき、「赤い」「丸い」ものが見えているでしょう（視覚）。りんごを手に取ってみると、つるつるしていて（触覚）、固くて少し重みがあります（固有受容覚）。鼻を近づけると甘い匂いがします（嗅覚）。かじってみると、サクッと音がして（聴覚）、甘酸っぱい味がします（味覚）。そのときに、「りんごおいしいね」と声をかけてもらいます。そのような感覚情報を統合する経験を積み重ねることで、「赤くて、つるつるしていて、甘い匂いがするもの」を見たときに、「これはりんごだ」と思うでしょう。

　または、「りんご」という言葉（聴覚）を聞いたときに、「赤くて丸くて、甘酸っぱいもの（視覚・味覚）」とイメージすることができるようになります。すなわち「りんご」の概念が形成されるのです。概念形成がされると、色や形、素材が変わっても「りんご」であると認識できるようになります。

「文章を話す力」と「行動・運動を順序よく組み立てる力」のつながり

　文章を話すためには、論理的に思考することが必要です。論理的思考や、行動や運動を順序よく組み立てていく能力に大きく関わるのは脳の前頭葉です。

　行動や運動の順序立ても論理的思考も同じ継次処理（「こうして、こうして、こうすれば、こうなる」）です。すなわち、行動や運動を順序よく組み立てていく力を発達させることと、論理的思考とは関連がある可能性があります。

上まで行くには
ここを通って…
あっ、お友だちがいるから横を
通って行こうかな。
こっちの方が近いや！

全部入るかなぁ。
まずはお弁当を入れて…
上にお着替えを入れて…
そうだ、後でタオルを取りに行か
なくちゃ！
タオルも入りそうだぞ…

COLUMN

言語理解と発話の能力に関わる共同注意とは[4]

　生後9か月になると乳児は共同注意ができるようになります。共同注意とは他者と同じ対象に注意を払う機能です。共同注意には2種類があります。

　一つは共同注意への応答です。これは対象となるものを共有するために他者の視線やジェスチャーの方向を追従する能力を指します。これは、言語理解と発話能力に関係すると言われています。

　もうひとつは共同注意の開始です。これは他者の注意を導くために凝視や指さしの使用を指します。これは発話能力と関係すると言われています。

　乳児は、共同注意を始める時期に、他者が意図をもった行為をすると理解し始めると考えられています。乳児はこの頃に自分自身と他者、そして自分たちが共同注意を払う対象物という三者の関係を理解します。

　モノの名前や動詞（「歩く」「走る」など）を覚えるためには共同注意が重要です。対象と名前の関連を理解するためには、他者が何に注意を向けてその名前を発しているかを経験的に知っていくしかありません。

　ことばをしっかりと覚えるには、養育者と同じ対象に注意を払う必要があるのです。

COLUMN

協業における日米の比較

勤務している保育所・幼稚園に
作業療法士はいますか？
作業療法士と仕事をする機会はありますか？

　おそらく極めて少ないのが、日本の現状かと思います。日本作業療法士協会[5]によると、日本の作業療法士（以下、OT）の71.4％は病院に勤務しており、幼稚園、保育所、学校で働いているOTはわずか0.2％です。一方、アメリカでは20％以上のOTが幼稚園、保育所、学校で働いています[6]。つまり、アメリカの幼稚園、保育所、学校には、当たり前のようにOTがいて、生活の中で作業療法が行われています。そのため、アメリカの保育士や教員は、ごく当たり前に、OTが子どもをどのように理解し、どのように支援しているのかを、目にすることができます。

　Rensら[7]は、OTが保育士・教員と協業するために重要なこととして、園や学校でともに時間を過ごすことをあげています。つまり、これは、子どもの様子や情報をリアルタイムで共有し、互いの専門性を伝え合うことで、協業がより深まると考えられます。

　子どもが、より幸せな園・学校生活を送れるように、保育士・教員とOTが同じ場・同じ時間に子どもと関われる環境が日本でも増えていくことを願っています。

保育活動
～乳幼児期の感覚統合あそび～

PART 3

保育活動
乳幼児期の感覚統合遊び

　Part3では、限られた環境でできる感覚統合の要素を取り入れた遊びを紹介します。

　あいのそのこども園は、奈良市内の小さな園です。楽しい家庭的な雰囲気の中で、お友だちや先生との関わりを通して優しい思いやりの心を育むことを大切にしています。と同時に身体を使う遊びを多く取り入れ、「身体作り」を大切にしながら日々、保育を行っています。

　しかし、保育室以外のホールがなく、園庭もとても狭いため、保育室の普段の環境でできる「身体作り遊び」「感覚統合の要素を取り入れた遊び」をたくさん楽しめるようにしています。散歩にもよく出かけ、体いっぱいに自然を感じて過ごしています。

　身体作りは、乳児期から既に始まっています。

0・1歳児クラス

　生活リズムを整え、安心できる保育士との信頼関係をベースにしつつ、生活環境の中に身体を動かす遊び、物に触れる遊びを取り入れています。保育士が一人ひとりのサインを的確に受け止め、応じることがことばの発達や応答のコミュニケーションにつながっていきます。

2・3歳児クラス

自分の身体を意識的に動かし、道具や固定遊具との調整を考える遊びを取り入れていきます。この頃には、保育士の動きを見て瞬時に模倣できる子とじっと見ているけど自分の動きにはなりにくい子の違いが見えてきます。それぞれのわかり方の違いに気づき、その子に応じた声かけや手を添えて身体を意識させてあげるはたらきかけが求められます。

4・5歳児クラス

友だちとのコミュニケーションや人と動きを調整する遊びを取り入れ、仲間意識を育てていきます。言語発達や運動発達も異なり、集団遊びへの苦手意識が芽生えている子もいる中で、同じゴールをめざすのではなく、どの子も「できた！」と感じることができるような工夫が求められます。

　子どもたちは、一日の大半を園で過ごします。貴重な乳幼児期にたっぷり触って動いて聞いて見て、心も身体も豊かに成長できることを願っています。

　作業療法士の方々と日頃の遊びを細かく分析することで子どもの成長に合わせて遊びを広げていく手立てを学ぶことができました。学びを通して保育士自身が子どもを理解できたことで「保育が楽しくなった」という声が聞かれるようになりました。

　各クラスの遊びは、担任が子どもの感覚特性を探り、言語発達、運動発達、情緒面を十分に考慮して実践した遊びの例です。参考として活用していただくためには、先生方にクラスの子どもたちの感覚特性を探ること、実践後には遊びの振り返りを行うことをおすすめします。

　私たちもまだまだ学びの途中です。一人でも多くの子どもが「楽しい！」「できた！」と思えるような遊びをたくさん考えていこうと思います。

あいのそのこども園　特別支援教育士　田中佳子

「サーキット遊び①」
～傾斜のあるはしご登り＆台の上から布団にダイブ～

活動への導入
- ひとり歩きが始まり、垂直方向に興味をもち出す時期に、巧技台を使った傾斜登りやふわふわクッション（布団）へのジャンプを取り入れる。
- 巧技台を準備しているときは「待つ場所」を明確にし、保育士と一緒に10数えながら座って楽しみに待てるようにする。

活動の留意点
- はしごのスタート位置にシールを貼ってスタート地点をわかりやすくする。
- はしごをしっかり握ることを知らせるために「ギュッギュだよ」と声をかける。
- 布団の上にジャンプするのは、無理をさせず、友だちがしている様子を見て興味を示したときに誘ったり、手を添えるなどのサポートをしたりする。
- 子どもの性格や発達に合わせてジャンプの高さや位置を変えてみる。

運動発達も個人差のある0歳児、一人ひとりの動きはもちろん、視線の先に何があるかもちゃんと見届けたいな。

ねらい

- 自分の身体を支えながら❶、手足をはしごの棒から棒へ移動させる動きを意識する。⇒距離感を意識する❷。
- 足がはしごからすり抜けてしまうことを経験し、自分の足の存在を感じる。
- ジャンプのときにクッション（布団）との距離感を知る。
- ジャンプした直後の身体のリラックスとクッションが肌に触れる感覚を楽しむ（心地いいリラックス）❸。

※本文の黄色ラインの❶❷❸は、「作業療法士の視点」欄❶❷❸に対応。さらに理解を深めることができます。

作業療法士の視点

❶ 姿勢の発達

手で身体を支え抗重力姿勢をとることは、姿勢の発達に大変重要で、特に肩甲骨周囲の安定性を高めることになります。これは将来、手を前に押しつける作業（クレヨン・鉛筆で筆圧を出す、消しゴムを消すときに紙をしっかり押さえる）につながります。

❷ 身体図式の発達

「どれくらい手を伸ばせば棒をつかめるかな」「どのくらい足を前へ出せば棒に乗るかな」「どのくらいの力を入れれば身体を保てるかな」と自分の身体とコミュニケーションをとりながら、自分の身体を知る経験となります。すなわち、これが身体図式の発達となります。自分の身体を通して棒の距離感を把握していくことは、空間認知の発達につながります。

高さを徐々に上げていきます

❸ ゴールに報酬となる設定

はしごやジャンプが苦手な子どもにとっても、ゴールに感触の良いふわふわクッション（布団）があることで活動へのモチベーションも上がりそうです。クッションに飛び込むことで得られる心地よい触覚は多くの子どもにとって大きな報酬になると思います。

「ゲームボックスくぐり」
~ゲームボックスの穴にもぐったり、くぐったりして楽しもう~

活動への導入
- 行動範囲が広がり、棚の中を覗き込んだり入ったりすることを好む時期に常にゲームボックスを置き、ボックスの穴に興味をもてるようにする。

部屋の中に常にボックスを置くことで、子どものペースで馴染んでいくことができます。

活動の留意点
- 月齢によってはボックスの上に登りたがることもあると思うが、この時期は登らないという約束を担任同士が共有する。
- 布をかけることでしゃがみたくなる、のぞきたくなる工夫をする。
- 「くぐる」ことだけをねらいにせず、のぞいたり、友だちと関わったり、発達に応じた楽しみ方が味わえるようにする。
- 穴の中に興味をもったら「入れるかな」「おいで」などとことばをかけ、くぐったり、もぐったりすることを楽しめるようにする。

探検気分で覗いたり、くぐったり。それぞれの楽しみ方が見つかるかな？

ねらい

- 自分の身体の輪郭（ボディイメージ）を知る❶。
- 箱の中から友だちや保育士と「いないいないばあ」などのやりとりを楽しみながら、無理なく遊びに興味を示す。
- 座る⇔立つの繰り返し動作に慣れ楽しむ❷。
- 布の感触や透けて見える感じを楽しむ。

作業療法士の視点

❶ 身体図式の発達と空間認知

「この穴は入れるかな？」と思い、実際に入ってみると「入れた！」

このような経験を通して、自分の身体の大きさと穴の大きさ（すなわち空間の広がり）を知っていくことになります。ときには、頭をぶつけたり出られなくなることもあるかもしれませんが、子どもは「どうすればいいのかな？ 頭を下げて、身体を捻って…」と試行錯誤します。このような経験こそが、身体図式や空間認知の発達につながります。

私たちも、車を運転するときは、「この道は通れるかな？」「対向車とすれ違えるかな？」と思いながら、実際に行ってみると「行けた！」ということがあると思います。そのような体験を通して車の幅を学習していくことになります。ときには、こすることもある

と思いますが、それも幅を学習していくためのプロセスでもあります。子どもたちも、自分の身体を存分に使って試行錯誤し、自分の身体を知っていくことが大変重要な時期です。試行錯誤を見守り、達成したときにはおおいにほめてあげたいものです。

❷ 姿勢の発達

立つ、しゃがむ、座るの一連の動作により、姿勢の発達（p.21）も促されます。特にしゃがむときは、重力に負けてドスンと尻もちをつかないように、股関節や膝関節をゆっくり曲げていく必要があり、中枢の軸を形成するはたらきがあります。

0歳児 「マットのお山の登り降り」

① ②

活動への導入
- 登園後すぐに、身体をしっかり使うダイナミックな遊びを取り入れる。

活動の留意点
- 一人ひとりの運動発達や感覚特性を考慮して、手を添えたり、ことばをかけたりする。
- 「よいしょっ、ヒュ〜」など、子どもの動きをことばにして伝える。

ねらい
- 朝の登園後に十分身体を動かして遊ぶことにより、脳を覚醒させる[1]。また、思い切り身体を動かして遊ぶことで、その後のさまざまな遊びを落ち着いて楽しめるようにする。
- 身体を動かす気持ちよさを感じる。

午前中に、登ったり降りたりの遊びをたっぷりすると一日、落ち着いて過ごせているような感じですね。
子どもたちのその日の様子を見ながら、マットやボックス、ロールマットを部屋の一角に用意し、遊びに変化をつけます。

- 登るときに、手のひら、足裏をしっかり使う❷。
- 山の頂上で姿勢を変え、足を前に持ってくる❸。
- 落ちる感覚を楽しみながら、手や身体を使ってバランスを保つ。

作業療法士の視点

❶ 脳の覚醒

朝一番に、固有受容覚（よじ登るときに手足や体幹の筋肉から入ってくるギュッという感覚）や前庭覚（シュ〜ッと滑るときの加速）を感じることができるため、脳の覚醒が高まります。集中して話を聞いてほしい、一日を穏やかに過ごしてほしいと願うなら、朝の運動はとても重要な位置づけとなります。ぼんやりしている子どもが多い、そわそわと落ち着かない子どもが多い、というときは朝から身体を動かすことで脳がシャキッとし、行動もシャキッとするかもしれません。

❷ 姿勢の安定

マットのお山によじ登るときは、体幹（特に腹筋）に力を入れる必要があります。これは、姿勢の安定につながります。また、手のひらで身体を支えて持ち上げることも必要です。（手で身体を支えることの発達的意義は、p.39参照）

❸ 姿勢の変換と運動企画

マットのお山に登るときは頭が前で足が後ろになります（写真①）。その後、降りるときには足が前で頭が後ろになります（写真②）。子どもは、マットのお山の頂上で姿勢を変換する必要があります。そのとき、「足を前にするためにはどうしよう？」「重心を片側に寄せて、手で身体を支えて、片足を前に持ってきて…」と手足を動かす順番を瞬時に考える必要があります。これは運動企画の発達につながります。もし、お山の頂上で姿勢の変換ができない場合は、保育士が身体の動かし方や動かす順序をサポートしたり、頂上の支持面を広くすることで姿勢の変換がしやすくなります。

0歳児 「コロパン(円柱形)遊び」

① ②

活動への導入
- コロパンを転がしたり、追いかけたり、棒倒しのように立てて倒したりして、コロパンを使った遊びを楽しむ。

活動の留意点
- 力を抜いてコロパンに身を任せることが苦手な子は、友だちがしているのを見て楽しむ段階から始める。
- 保育士が足や手に触れたり、身体を支えたりすることで、安心して挑戦できるよう見守る。
- 「ブランコの歌」に合わせて、10数えたら交代する簡単なルールを伝えていく。

＊あいのそのこども園では「コロパン」と名付けていますが、円柱形ブロックやピーナツ型バランスボールなどでもこの遊びを楽しめます。

ゆらゆらは、どの子も大好き。先生と一緒がいい子、激しいゆらゆらが好きな子。いろんな楽しみ方を見つけてくれます。

ねらい

- 揺れる、身を任せる心地よさを感じる。
- 揺れに応じてバランスをとったり、手や足を床につけて身体を支えたりする❶❷。

先生と一緒に、心地よい揺れを感じることから始めます。

先生が近くにいれば一人でも、安心して挑戦できます。

作業療法士の視点

❶ 保護伸展反応

私たちが転んだときに無意識に手が出るのはなぜでしょうか？　それは保護伸展反応という姿勢の反応が備わっているからです。

保護伸展反応とは、身体の位置の変化を感じ、バランスが保てない状況となったときに手を出して身体を守る反応です。この反応は、生後6〜7か月頃から出現します。

左ページ①の写真では、子どもがコロパンの上に乗り、前へ傾くに伴って手が出てきたものと思われます。このような、傾きを感じて手をつくという遊びをしっかり行うことで、転んでも手をつくことができるようになり顔や頭をけがから守れるようになります。

❷ 姿勢の発達

腹臥位伸展（うつ伏せで頭と上半身を上げる）は、姿勢の発達において大変重要です (p.22)。左ページ②の写真の状態から、前方に注意を向けてもらうことで顔が上がると腹臥位伸展の姿勢になります。例えば、前方にいる先生を見るために顔を上げることや、前方にボールやタンバリンを提示し、叩こうと顔を上げ、手を伸ばすことで腹臥位伸展の姿勢へと誘導するのもおすすめです。

「ポットン落とし」 0歳児

活動への導入

- しっかり身体を動かす遊びの後に、座って落ち着いてできるよう環境を整える。

活動の留意点

- 玩具を手から離すタイミングがわかりやすいように「はいるかな〜はいるかな〜パッ」などのことばかけをタイミングよく行うことを心がける。
- 子どもの発達に合わせて穴に入れやすいよう保育士が容器を回して配慮する。
- 保育士が「入ったね」と言語化し、入ったことに気づけるようにする。
- 「〇〇ちゃんは次ね、待っててね」と簡潔なことばでルールを伝える。

担任お手製の絵カードポットンです。上手に指でつまんでいますね。

『つまんで➡穴に入れて➡ポットンと音がする』このわかりやすい流れが楽しそうね。お友だちの様子を見て、順番を待つことも少しずつわかっていけます。

ねらい

- 手首をひねる、玩具を握る、離すといった手先の一連の動きがスムーズにできる❶❷。
- 子ども同士のやりとりを楽しむ中で、人との距離感やさまざまな調整を知る。

空の容器をポットンと落とす。
大きめの方が握りやすいかな？

作業療法士の視点

❶ 形の認識

　穴の形に合わせて、手の角度を調整させることが必要となります。最初は、穴の周りに「カツッ」と当たり、入らないこともあると思います。そこで手の角度を調整して、試行錯誤を繰り返す中で「入った」という経験を得ることができます。

　このような経験を通して、形を認識する能力が発達します。丸、三角、四角のような図形の捉えや小学校での文字の読み書きの基盤となるため、とても重要です。

❷ 目と手の協調の基盤となる姿勢

　じっくり見て、思ったところに手を伸ばす必要があり（目と手の協調）、その大前提には体幹・頭が安定している必要があります。発達の法則を思い出してみてください(p.24)。中枢から末梢へという法則がありました。

　写真の子どもは、目と手を協調させて使うための体幹・頭の安定性があるからこそ、この活動を楽しめると思います。逆に、手を上手く使えない場合はどうすればいいでしょうか？　例えば、「姿勢が不安定で手を使いにくい」という子どもの場合は、身体を動かすことを通して、姿勢の発達をねらいとした方がよい場合もあります。また、「じっくり見られない」ことが理由でできない子どもの場合は、見えやすいように穴のふちの色を目立たせるなどの見えやすくする設定を考えると良いでしょう。

1歳児 「トランポリンでピョンピョン」

活動への導入
- 歩行が安定し、表現遊びで「かえる」や「うさぎ」などの両足跳びを楽しむようになる時期に、トランポリンで跳ねる遊び❶を取り入れる。

活動の留意点
- 跳んだ際に姿勢を保てるよう両手をしっかり支えて姿勢保持の援助をする。
- 他の子どもが跳ぶのを「1、2、3…」とカウントしたり、別の運動スペースを作り、順番を知らせ安全に遊べるよう配慮する。
- 一人で跳ねる子、保育士の手を持って跳ねる子など、発達に応じてゆっくり1対1で関わる。
- 足裏がトランポリンに着いた瞬間に膝が伸びてしまう子には、保育士が子どもの脇の下に手を添え、着地と同時に膝を曲げることを意識できるように関わる。

ピョンピョンが苦手な子は、身体を支えたり手を握ってあげたりすることで安心します。1対1で丁寧に関わってあげたいですね。

- 保育士と1対1の関わりの中で安心して取り組む。
- 足の裏に刺激を感じながら両足でジャンプする感覚を養う。
- 背筋や腹筋を無意識に使い、バランス感覚や体幹を養う❷。

作業療法士の視点

❶ 脳の覚醒

ジャンプしたときの前庭覚や足の裏にドシンと入ってくる固有受容覚の刺激は、脳の覚醒を高め集中しやすい状態をつくるので、朝一番の活動におすすめです。動きとしては単純ですが、刺激量が多いので、動き回って落ち着かない子どもに対し、短時間でたくさんの感覚刺激を提供することができます。また、覚醒が低くぼんやりしている子ども（p.17 低反応タイプ）にも有効です。

❷ 姿勢・バランスの発達

着地した際に前後左右に傾いている情報を、前庭覚や固有受容覚を通して感じ、瞬時にバランスをとる必要があります。また、トランポリン上でバランスをとることは足の固有受容覚を頼りにするため、子どもが着地する際は重心が下にくるように、手を下方向に誘導することで、足に負荷がかかり感覚が入りやすくなり、子ども自身でバランスをとるきっかけになると思います。傾きに気づき、体幹をまっすぐに保てるようになってくると手をつながなくても1か所で安定した状態でジャンプし続けることができるようになってきます。

歳児 「バランスボールでのジャンプ」

活動への導入
- 午前中なんとなく目覚めが悪く、すっきりしていない子には「目覚めの遊び」として取り入れる❷。
- 大きなバランスボールを転がしたり、触れたり、ボールの上に寝転んだりしながらバランスボールへの興味を深めていく。
- トランポリンを1人で楽しめるようになってからバランスボールでのジャンプを取り入れる。

活動の留意点
- 保育士が膝でボールを固定し、止まった状態のボールの上に立つことから援助する。
- 両手を持って上下にジャンプすることを援助する。
- 保育士は、子どもの足の着き方を確認しながら行う。

ジャンプ好きな子が多く、先生と1対1で楽しめる遊びは人気です。

ねらい

- 身体の軸を自分で感じながらバランス感覚を養う❶。
- 柔らかいボールの上で足を踏ん張り、身体を伸ばす感覚を養う。
- 足の裏でしっかりボールを蹴って、跳ねる楽しさを味わう。

作業療法士の視点

❶ 姿勢・バランスの向上

　前項のトランポリンと似た活動です。トランポリンと比べて支持面が不安定（柔らかく球面）なため、左右対称にバランスをとることが、より必要な活動です。すなわち、トランポリンよりも重心の位置の微調整が必要で、トランポリンよりも難易度は上がります。また、座った状態から（手を支持された状態で）自分で立つということも、姿勢の調整が必要となりバランスボールならではの醍醐味となると思います。

　また、立つ、座るどちらでもバランスボールの上でバランスをとると体幹の筋肉を持続的に使うことになるため、姿勢の発達に有効です。また、うつ伏せに寝転んで顔・上半身を上げると腹臥位伸展の姿勢となり、体幹の安定性を促すことができます（p.22 腹臥位伸展）。

❷ 脳の覚醒

　トランポリンと同様で、前庭覚、固有受容覚の刺激が脳の覚醒を高め集中しやすい状態にできるので、朝一番の活動におすすめです。脳の覚醒をもう少し詳しく説明します。脳の覚醒は「脳幹」という部位でコントロールされています。

　脳の幹と言われるように、脳のさまざまな働きを支えている部分でもあります。この脳幹が働くことで脳が目覚め、話や活動に注意をむけることができます。例えば、寝ぼけた状態で話を聞いても頭に入りません。脳がしっかり起きていることが大切です。

3　保育活動　63

歳児 「サーキット遊び②」

活動への導入
- 斜めのはしごを登ることに慣れたら、はしごの傾斜に変化をつける。
- 両足跳びが安定したら、ゲームボックスからのジャンプを取り入れる。

活動の留意点
- はしごは立って渡ったり、四つ這いで渡ったり、一人ひとりの発達に応じた楽しみ方ができるように援助する。
- 一人ひとりの「できた！」に共感し、喜びや達成感を味わえるようにする。
- 手足の使い方を丁寧に伝える。

しっかり手のひらを使って「握ること」を遊びの中でたっぷり経験させたいですね。

ねらい

- 手のひらと足の裏でしっかりと支持をして、バランスを保ちながらはしごを渡る❶。
- はしごと自分との距離感や自分の手足の位置関係を繰り返し行うことで体感していく❷。
- 最後まで渡りきる達成感を味わう。

作業療法士の視点

❶ 姿勢の発達、身体図式の発達

p.50のサーキット遊びと同様で、身体図式、姿勢の発達が促されます。p.50との違いははしごの角度です。はしごが地面と平行に近くなればなるほど重心が前にかかるため、手で支える必要性が出てきます。もし、体幹の安定性が未熟なために手で身体を支えきれない子どもは、活動を拒否したり、座りながら進む、はしごの枠に手足をかける、また、立って手をつないで行こうとするかもしれません。その場合は、はしごを斜めにして手で支える負荷を減らしてもよいかもしれません。

❷ 運動企画の発達、両側の協調動作とリズムの発達

「左手で支持して右手を前へ、右足で支持して左足を前へ」といったように両手足を順序立てて動かす必要があり、運動企画の発達につながります。また、左右の手足を交互に協調して動かすことがリズミカルな動きやリズム感覚の基礎になると考えられます。リズミカルなスキップやギャロップが難しいという子どもの場合、左右両側の協調動作が未熟なのかもしれません。このような活動で基礎をつくることでスムーズにできるようになることもあると思います。

歳児 「ウレタン積み木」

活動への導入
- 広い空間で積み木遊びをする。

活動の留意点
- 積み木を積むときに「そ〜っとね」などとことばをかけ、力加減ができるようにする。
- 積み木遊びを通して、色、大きさ、長さ、形の違いに気づけるよう、ことばを添える。
- 積み木でできた形を「電車」「お家」などに見立て、友だちや保護者とイメージを共有して楽しめるようにする。

両手で運んで、そーっと積み上げる。木製の積み木と比べて、触った感覚も倒れたときの音も違うよ。

ねらい

- 目・腕・手のひらを使って積み上げる感覚を知る❶。
- くずれたりする経験の中で、積み上げるときの力を加減して調整する感覚を知る。
- 積み木を使って見立て遊びやイメージを共有する❷。
  例:「長くつなげたね、電車みたいだね」

作業療法士の視点

❶ 両手動作

　積み木を持つには、両手で挟み込む必要があるため、両手の運動方向は内側を向きます。両手の操作は、「両手同時の動作」▶「左右で役割が異なる両手動作」の順に発達します。日常生活では「左右で役割が異なる両手動作」が多数含まれています。たとえば「右手でスプーンを持って左手でお茶碗を支える」「右手でハサミを持って左手で紙を送る」「右手で消しゴムを動かし左手は紙を押さえる」といった動作です。これらの前段階が、ウレタン積み木遊びのような、両手同時の動作で、たとえば、「左手でお茶碗を持たない」ということに対して、「左手は？」「お茶碗持ちなさい」と促すだけではなく、このような遊びを通して、両手動作の基盤を作り上げることも大切な視点であると思います。

❷ 言葉の発達

　ことばの発達は、わかることがら▶わかることば▶言えることば、の順で発達します（p.42参照）。すなわち、身体の操作や感覚を通して体得していくということです。「電車」という言葉を学習するとき、単にテレビから「電車」という言葉を聞くだけでは「この見た目が電車なんだ」ということだけが学習されます。すなわち見た目が変われば、電車とはわからなくなるのです。色やデザイン、形状が異なる電車にも共通した要素である、「乗る、動く、揺れる、速い、連結する」といった視覚だけでなく複数の感覚により学習されることで、積み木であっても、色や形が違っても「電車は電車」という概念ができあがります。見立て遊びの中で運動、操作に対して言葉かけをすることは言葉の発達において大変重要です。

1歳児 「斜面登り」

活動への導入
- 斜面を登りきった後のどんぐり林を楽しみにして❶一緒に冒険の雰囲気を作る。

活動の留意点
- 一人ひとりの発達に応じて❷、お尻を軽く支えたり、「もう少しで頂上だよ」とことばをかけて、その子の位置を知らせたりして登りきれるように支える。

ねらい
- 手のひら、足の裏をしっかり使いながら、足を踏ん張ったり、身体を持ち上げたりしながら斜面を滑らないよう自分の身体を調整する❸❹。

お部屋でも大きなマットをよじ登る遊びを楽しみます。

作業療法士の視点

❶ 活動の動機づけ

　身体を動かすことが苦手な子どもにとっては、「斜面を登る」ことを目的にするのではなく、「どんぐり林でどんぐりを見つけよう」「冒険しよう」という別の目的を設定し、手段として斜面登りを行うことでモチベーションも上がりそうです。

❷ 介助のポイント

　達成感を最大限に感じてもらうには、「自分の力で登れた」という感覚を子ども自身が感じることが大切です。一人ひとりの達成感を最大にするためにも、「最小限の介助で成功させる」ことが重要になります。そのためにも、一人ひとりの力を普段から見極めておく必要がありそうです。

❸ 姿勢の発達

　重力に負けない姿勢で進む必要があり、手足と体幹で踏ばる力が育まれます。また、自然特有の凸凹道であるため、凸凹に合わせてバランスを保つ必要があります。この不規則な環境に適応することは、自然の中で遊ぶ醍醐味だと思います。

❹ 触覚の感覚刺激

　斜面を登るためには、手のひらを地面につける必要があり、手のひらに豊富な触覚刺激が入ってきます。触覚の感受性を高めることは、手の巧緻動作の発達にも大変重要です。逆に、触覚が過敏で手を地面につけたくないために活動に参加しない子どももいると思います。その際は、手袋をはめる、手を引いて立って登るなど、手を地面につけることを強要しない中で、「できた」という達成感を味わうことも大切だと思います。そのような経験の中で、自ら手を地面につけて登り始めるといったこともあると思います。

2歳児 「新聞紙で遊ぼう」

活動への導入
- 室内でも発散できる遊びを工夫する。
- 大きく広げた新聞紙を保育士が破いたり、丸めたりする様子を見せ、「楽しそう、やってみたい！」という興味・意欲を高める。

活動の留意点
- 最初は破ることが難しい子もいるのであらかじめ切れ目を入れておく。
- 破る⇒雨降り⇒固めてボールにするなど、遊びの展開を楽しむ。
- 「静の遊び」として雨に見立てた新聞紙片が降ってくるのを待つ。「動の遊び」として広げた新聞紙片の中で泳ぐ、など静かな遊びとダイナミックな遊びをバランスよく楽しめるよう配慮する。
- 新聞紙片を片づけるときに用いるごみ袋に顔を描いて片づけも楽しめるよう工夫する。

親指と人差し指で物をつまむ遊びはたくさんあります。洗濯バサミはとても大好きなアイテムの1つですね。

ねらい

- 全身の感覚で新聞紙遊びを感じる（視覚・聴覚・触覚・固有受容覚）[1]。
- ちぎったり、丸めたりすることで手先の細かい動きを養う。
- 新聞紙片をお風呂や雨に見立ててイメージをふくらませる。
- 新聞紙片で大きい・小さい・長い・短いなどの概念を知る。
- 段ボールの中で、友だちと場所を共有しながら遊ぶ[2]。
- 友だちと「雨」、「お風呂」などイメージを共有しながら同じ遊びを楽しむ。

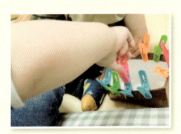 

手先を使うさまざまなあそび

作業療法士の視点

[1] 眼球運動

落ちてくる新聞紙片を手でつかむために、新聞紙片を目で追いかけ続けることは眼球運動（特に追視）の発達につながります。

[2] 豊富な触覚刺激、コミュニケーションの発達

新聞紙片をかぶることで、触覚刺激を豊富に感じることができます。ボールプールがなくても、雨で砂場遊びができなくても、新聞紙があれば代用できます。

また、友だちとともに段ボール箱に入り、スペースを共有することは、それまで培った身体図式（自分の体がどのくらいの大きさか）、空間認知（どのくらいのスペースがあるか）を基盤として、コミュニケーションをとることになります。コミュニケーション＝言葉と考えられがちですが、言葉を使わなくても人と合わせられることも大変重要な要素です。そのような力を育むことにつながる遊びであると思います。

2歳児 「木に登ってみよう」

活動への導入
- お散歩でさまざまな自然に触れ、親しみを感じる中で木登りに興味をもった子どもに保育士が、手足の運びを伝えたり、手を添えて支えたりしながら進めていく。

活動の留意点
- 安全面に十分気を配りながらも、子どもが木の感触を手のひらで感じたり、高い視界を楽しんだりできるようにする。
- 玩具では経験できない自然ならではの楽しみ方[1]や子どもの発想を受けとめ、ことばにして共有していく。

自然たっぷりの公園に散歩に出かけ、日頃から木々に触れて遊びます。

ねらい

- 木との一体感を味わう。
- 普段と違う高い視線での風景を楽しむ。
- 落ちるかもしれないというスリル感と、落ちないようにバランスを保つ感覚を感じてほしい。
- 友だちの姿を見て「自分もやってみよう」というチャレンジ精神や「できた」という達成感を味わう。

園庭ではジャングルジムに登るのも大好きです

作業療法士の視点

① 姿勢・バランス、自然の中での運動企画

　近年、木登りをしている子どもの姿は、あまり見かけなくなったように思います。公園には「木登り禁止」の貼り紙も見受けられます。しかし、同じ「登る」という遊びでも、「木登り」と「棒登り」を比較してみると大きな差があります。それは、イレギュラーという要素です。

　棒の場合は、一定の太さ、一定の質感、一定の角度とすべてが同じ構造で作られています。しかし、木の場合は、太さ、質感、角度とすべてがイレギュラーで、そのつど対応しなければなりません。あの枝まで行くには、手足を木のどこにかけて、また左右の手をどのような手順で動かしていくのかを順序立てる必要があります。そして、上手くいかなかったら次の新しい手段を見つけて遂行することを繰り返します。すなわち、運動企画の力が大きく育まれます。自然はイレギュラーの宝庫です。イレギュラーがあればあるほど、子どもたちはそれに対応する力をつけていくことになります。

2歳児 「鉄棒わたり」

〜2本の鉄棒を平行に並べた上を座位または腹這いで渡る〜

低い高さの鉄棒で先生が近くにいてくれたら安心ですね。

活動への導入
- 日頃から、移動式の鉄棒を園庭に並べ、ぶら下がりや足抜き回りなどを楽しむ。
- 並行に並べた2本の鉄棒の上に座れるようになったら、その上を移動する遊びを提案する。

活動の留意点
- 両手、両足の運びが難しい子には、手を添えたり、軽くお尻を押したりして支える。
- 鉄棒への登り降りも身体の操作の仕方が上手くいくようにサポートする。

普段から鉄棒に親しんで遊ぶ中で、子どもたちが考え出した遊び方です。

ねらい

- 自分の身体を知り、思い通りに動かす。
- 落ちないことを意識し、バランスを保ち❶、自分の身体をコントロールする（両手、両足を交互に動かす❷、足・手首・腕で身体を支える）。

お友だちがやっている様子を見ることで自分の動きをイメージしやすくなります。

作業療法士の視点

❶ 姿勢の発達

　座位で進む場合（写真①）、手で体を支えながら重心移動をする必要があります。また寝そべりながら進む姿勢（写真②）は腹臥位伸展位となり背筋群の発達につながります。また、バランスも必要であり、中心軸の発達を育みます。もし、中心軸がわからず左右に落ちてしまう子どもの場合は、鉄棒の幅を広げて支持面を広くすることも必要かと思います。

❷ 身体図式の発達、運動企画の発達

　手足のどの部分をどの順番で動かすべきなのか？　安定させておくべき部位と動かす部位は？　これらを通して、身体図式や運動企画の力を発達させていきます。また、降りるときには「重心を落として、手はしっかり棒を持ちながら、体をひねって…」と運動を順序立てる必要があり運動企画が育まれます。

※回旋運動の意義

　体幹の回旋運動は、効率的な動作を獲得するだけでなく、空間認知の発達にも大きく関わると言われています。すなわち、体幹を回旋することで周りの環境（空間）を連続的にとらえる幅が広がり、空間認知の力を育みます。

「シーツブランコ」 (2歳児)

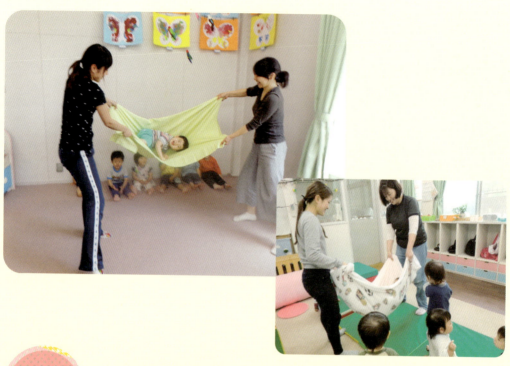

活動への導入
- 遊びの中で、抱かれたり揺れたりすることを楽しむ。

活動の留意点
- 危険のないように十分なスペースを設ける。
- 歌をうたったり、数を数えたりすることで、待つ側も取り組む側も「始まり」「終わり」を明確にする。
- 一人ひとりの様子に合わせて小さな揺れから慣れるよう配慮する（右、左にゆっくりとしたリズムで揺らすよう心がける）。
- シーツの中の子どもの顔を見て揺らし、子ども自身が揺れを予測しやすいようにする。

②

乳児の頃から大好きな遊びの一つです。
「眠くなってきたかな？」

ねらい

● シーツにくるまれることにより安定した姿勢をとり、揺れる感覚を心地よいと感じる。
● 風をきる気持ちよさを楽しみ、チャレンジする喜びを感じる。
● 揺らし方により、リラックスやスリルを体感する❶。
● 期待感、満足感を味わう。

作業療法士の視点

❶ 前庭覚と覚醒の調整

　前庭覚への刺激は、覚醒を調整する働きがあります。例えばジェットコースターに乗ったときはどうでしょうか？　いくら眠くても目が覚める（覚醒が上がる）と思います。これは前庭覚への強い不均一な刺激は、脳の覚醒を上げる作用があるからです。では、電車に乗ったときはどうでしょうか？　揺れが心地よく、いつもよりも眠くなる（覚醒を下げる）と思います。これは前庭覚への均一な刺激は、脳の覚醒を下げる作用があるからです。すなわち、揺らし方により、スリルとリラックスをコントロールできるのです。

　お昼寝の際、なかなか寝つけないときはリラックスできるようにゆっくりとした均一な揺らし方にする必要があります。また、目覚めが悪そうなときは不均一で強い揺れにすると、スッキリ目覚める可能性があります。

※ 身体図式と運動企画

　シーツブランコという活動自体は、受動的で単純であるため、０歳児でもできると思います。では、２歳児ではどの部分を難しくするのかを考えてみたいと思います。例えば、子どもがシーツの上に乗るところから始めることで、シーツのどの辺りで寝転べばよいかを考える機会となります。これも、自身の身体の大きさを把握し（p.33 身体の地図の把握）、環境と合わせていくためには大変重要なポイントです。

3・保育活動　77

　「カプラ®遊び」

活動への導入
- まずは、思い思いにカプラ®に触れ、並べるところから始まり、友だちとつなげたり、高く積み上げたりしながら遊び込んでいく。

活動の留意点
- 遊びが持続しにくい子には、積み上げるときの力加減を、手を添えて伝えたり、すぐに崩れる場合は、置く位置を微調整したりしてサポートする。
- 楽しめるようになると、崩れる経験を大切にし、子ども自らが微調整できるように見守る。

③

大好きな木の玩具ですが、並べてみたり、積んでみたりお部屋中に素敵な世界が作られていきますよ。

ねらい

- 創造力を養う。
- 指先を使い集中して取り組む。
- 「そっと」置き❶、積み上がっていく楽しさを知る。
- 友だちと共有しながら創り、達成感を味わう。

作業療法士の視点

❶ 運動のコントロール

　手の固有受容覚を通した手指の動かし方を細やかにすることになります。私たちは、物を操作するときに対象物に合わせて運動のコントロールをしています。たとえば、牛乳をコップに注ぐときに中身は見えないですが、手をゆっくり傾けていくことで、牛乳の出る量をコントロールしています。しかし、持った瞬間に中の量が把握できなかったり（重さの知覚が曖昧）、中の量を把握していても、思うように手をゆっくり動かせないとこぼしてしまいます。この運動コントロールの目盛りが細かいほど、器用に手が使えます。

　手の固有受容覚が鈍感な子どもは、手指の運動コントロールが苦手（動かしている感覚がわかりにくい）であるため、雑な動きになりがちです。そのような子どもたちは、カプラ遊びを通して運動コントロールを身につける機会となります。しかし、動きが雑な子どもは、このような運動コントロールを要する活動を苦手としているため、活動に拒否することがあります。

　失敗体験を重ねている子どもは、苦手さを隠すために、ふざけてカプラの塔を壊したりと動きが荒々しく見えることがあります。そのような場合、まずは、身体を大きく使った遊び（例：綱引き、相撲、重い物を持つお手伝い）をしっかり行った後で、カプラ遊びのような運動コントロールが必要な活動に誘うとよいかもしれません。

3　保育活動

3歳児 「バルーン遊び」

活動への導入
- 4・5歳児が大きなバルーンに取り組んでいる様子を見て興味をもつ頃、ミニバルーンを使った遊びを取り入れる。

活動の留意点
- バルーンの扱い方やルールをわかりやすく伝え、親しみのある音楽に合わせながら楽しめるよう進めていく。
- バルーンや友だちの動きを見る、音楽を聞く、友だちと合わせて動く、友だちとの距離感を感じるなどができるよう、わかりやすくことばをかける。

みんなで1つのバルーンを持って
音楽に合わせるって楽しいね。

ねらい

- 音楽に合わせて楽しく身体を動かす❶❷。
- 協調性を養う❸。
- 保育士のことばを聞いて身体を動かしたり、友だちの姿を見て真似したりする。

作業療法士の視点

❶ 固有受容覚が豊富な遊び

固有受容覚の刺激がほしい子ども（例：重い物を持ちたい、ぶら下がることが好き、長い棒を振り回したい、戦いごっこが好きなど）にとっては、固有受容覚の刺激が豊富に入ってくるため、脳の覚醒が調整されやすいと思います。また、前項のカプラ遊びのように運動コントロールが必要な活動の前に行うことで、手の動きのイメージがわかりやすくなると思います。

❷ 姿勢の発達

バルーンを上下させる際に、身体が前方へ引き込まれそうになると思います。そこで必要となるのがその場でしっかり立つための体幹の安定性です。この場合、主に後方へ重心を残し、背筋群を使う必要があるため、姿勢の発達が促されます。実際、「バルーンを行った後は、姿勢がシャキッとする」といったお話を聞くことがあります。

❸ 言葉を介さないコミュニケーション

周囲の子どもとペースを合わせる要素が入るため、協調性が育まれます。p.70の新聞紙遊びでは「スペースを共有する中でのコミュニケーション力」が育まれますが、バルーンの場合は、バルーンを介して感じる固有受容覚（手に入ってくる上下する感覚）をもとに、周囲と合わせる力を育むことができます。

 3歳児 「飛び石わたり」

活動への導入	●両足跳びをたくさん経験し、少し間隔を空けたジャンプもできるようになる頃にする。 ●散歩に出かけ、たくさんの自然に触れ、解放感を味わう中で、いろんなことにチャレンジできるようにする。
活動の留意点	●やりたいことが存分にできるよう、危険が伴いそうな場所には、必ず保育士が付いて見守る。 ●ルールとして①「一方通行」②「自分の前に友だちがいるときは待つ」を決め、きちんと守れるようにサポートする。

フープ跳びを経験することで「両足で跳ぶ」「片足で跳ぶ」ことがわかっていくようでした。

ねらい

- 楽しみながら距離感を体得していく。
- ルールを守って楽しく遊ぶ。
- 「やってみよう」という気持ちをもち、さまざまなことにチャレンジする。

作業療法士の視点

❶ 身体図式の発達

　身体図式の機能の把握が育まれます。子どもたちは、石と石の距離を見て、「跳べるだろうか？」と自問自答するはずです。このとき、距離と自身の身体機能（足の長さ、ジャンプ力、着地したときのバランス能力など）を考慮しながら、跳ぶかどうかを判断します。そして、「この距離なら跳べるかな？」と判断して実際に跳び、成功か失敗かの結果を得ることになります。そのプロセスの中で、身体図式を発達させていきます。このように身体図式と空間認知は密接な関係にあり、身体を道具として使い、距離・方向などの空間認知を高めていきます。

※身体図式の発達に関する研究

　子どもたちの身体図式に関して面白い研究があります[8]。子どもたちにスタートラインから自身が跳べそうな距離を宣言してもらい、実際に跳んだときの誤差が年齢によってどのように異なるかを調査したものです。その結果、3歳児は実際に跳んだ距離の約2倍の距離を宣言し、4歳児は実際に跳んだ距離よりも少しだけ遠くに宣言する傾向にあったのです。

　すなわち、3歳児は怖いもの知らずで「自分はスゴい」と過大評価をする時期で、環境に対して積極的に（身のほど知らずに）関わっていきます。そのため失敗や痛い目にも遭いますが、そのような経験を通して自分自身の身体を知っていきます。子どもたちは身体を使って環境にチャレンジすることで、自分自身を知っていくということが重要です。自分自身を知ることは、他人を知ることにもつながるので大変重要な発達ステップと言えるでしょう。

 # 「人間アスレチック」

①

②

③

活動への導入
- 参観日に保護者と一緒に身体を使い、大勢の大人がいるからこそできる動きを取り入れる。

活動の留意点
- 狭い保育室なので極力広く使えるよう、できる限りスペースの確保をする。
- 流動的に行えるよう工夫し、危険のないよう十分、気をつける。
- 約束ごと、活動内容（やり方）などはわかりやすく簡潔に伝えるようにする。

3

保護者も一緒に身体を動かし、楽しめる時間です。カッコいいママやパパに子どもたちも大喜びですよ。

ねらい

- 跳ぶ、くぐる、よじ登るなど、自分の身体を意識しながらしっかり全身を動かす❶。
- デコボコな場所を歩くことで腹筋、背筋、バランス感覚を養う。
- 保護者と触れ合いながら楽しく遊ぶ❷。
- ルールを守り、一つひとつの動きを丁寧に行う。

作業療法士の視点

❶ 身体図式の発達、姿勢の発達

写真②は、ジャンプで跳び越える必要があり、身体図式の機能の把握が促されます。写真③は、保護者の足の下をくぐる必要があり、身体図式の地図の発達が促されます。また、写真①はデコボコ道を歩くために上手くバランスをとる必要があり、姿勢の発達が促されます。

❷ 親子のコミュニケーション、親同士のコミュニケーション

子どもたちが背中の上を歩く際、親は背中に感じる重さをもとに反発する力（背中の丸め方）を調整する必要があります。また、子どもの重さを予想して構えを変えることもあるかと思います。これらは言葉を使わないコミュニケーションと言えます。

また、下で並んでいる親同士も、隣の親と高さを調節したり幅を詰めたりと、コミュニケーションを図る必要があります。これらは、対面で自己紹介をして…というコミュニケーションよりも同じ共同作業を通して、相手の動きを読みながら自然なコミュニケーションを図る機会です。この力は空気を読む力とも言えます。

3 保育活動

「サーキット遊び③」

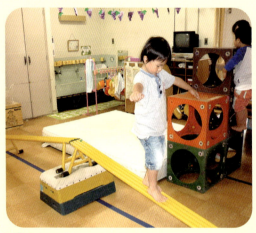
①

②

活動への導入
- 身体の機能と構造が出来上がりつつあるこの時期に、高さや傾斜を少しずつ複雑にしていく。
- 平均台、ゲームボックスからのジャンプ、運動棒の3種類の運動遊びをサーキット的に楽しめるように取り入れる。
- スタート位置、流れ、ルール、待機場所を簡潔に伝え、活動を開始する。

活動の留意点
- 広いスペースを確保し、のびのびと身体を動かすことができるよう環境を整える。
- 一人ひとりの運動能力（発達状態）を見ながら必要に応じて手を添えサポートしていく。
- 一つひとつの動きが適当になり、けがにつながらないよう丁寧に声をかけ伝えていく。
- がんばったこと、できたことをしっかりほめる。
- 自分なりの目標や意欲をもち、達成感を味わえるように配慮する。

3

平均台や巧技台、マットに乳児期から慣れ親しんでいるので運動発達に応じて複雑なサーキット遊びが楽しめるようになります。

ねらい

- 高さ、幅、距離などを体感していく中で、バランス力や体幹を養う。
- 落ち着いて集中して取り組む。

作業療法士の視点

❗ 姿勢の発達における段階づけの視点

　立ってバランスをとることは、座ってバランスをとる活動（p.74 鉄棒わたり）よりも難しい活動です。また、平均台もフラットなものから傾きをつけていくことで、左右のみでなく前後のバランスも必要になり、難易度が高まります。また、登るときは重心を前方にシフトし、主に背筋群を使うことで前への推進力を作り出す（アクセル機能を使う）ものの、降りるときは重心を後方にシフトし、主に腹筋群を使うことで前への崩れを防ぐ（ブレーキ機能を使う）ことになります。跳び箱の高さをさらに高くすることで、これらの要素を多く取り入れることもできるでしょう。

　写真①②はバランスをとるために両手を広げています。平均台は中心軸が未熟であってもバランスをとりながら渡ることができます。バランスがとれないと、落ちないように継ぎ足（カニ歩き）で渡ったり走って渡りきろうとします。平均台を2本から1本にする、さらにバランス能力を養うために障害物をまたぐ動作を入れるなど、段階づけることができます。また、中心軸を形成するために、両手で物を運ぶといった段階づけもできます。

COLUMN

私たちも環境 Ⅰ

　子どもの遊びを考えるとき、どこで遊ぼうか、どんなものを用意しようか、どんな音楽にしようか？と考えると思いますが、保育士自身の立ち居振る舞いや動きや表情、声の大きさやトーンは、どの程度考えているでしょうか？　立ち居振る舞い、動き、表情は子どもの視覚を通した刺激となります。また声の大きさやトーンは子どもの聴覚を通した刺激となります。実は、子どもを取りまく環境因子の中で強い影響力があるにもかかわらず、忘れがちなのが「保育士自身」のことです。

動くことが大好き、元気一杯の保育士さん
　「動き」「声」が大きいため、感覚刺激が豊富な活動となりがちです。そのため、覚醒が低くぼんやりタイプの子どもとの関わりは得意かもしれません。一方で、感覚過敏の傾向がある子どもは、刺激が強すぎて固まってしまうかもしれません。

静かな保育士さん
　「動き」「声」が少ないため、感覚刺激が少ない活動となりがちです。そのため、元気で感覚刺激が一杯の活動が大好きな子どもには物足りないかもしれません。一方で、感覚過敏の傾向がある子どもは、静かな関わりが心地よいかもしれません。

　子どもの感覚特性を知ること以上に、保育士自身の感覚特性を知ることが大切です。これらを知るためには、保育中の様子を動画で撮影し振り返ってみるとよいかもしれません。立ち居振る舞い・動き・表情・声の大きさ・トーンなど、客観的に分析してみると新たな発見があるかもしれません。これらを知った上で、子どもと関わるときに保育士が子どもの特性に合わせて、自己調整することが求められると思います。

COLUMN

子どもたちの「やりたい」をかなえるために必要な視点
～私たちも環境 Ⅱ～

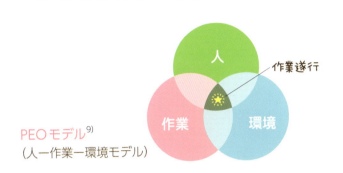

PEOモデル[9)]
（人－作業－環境モデル）

　子どもたちが何かやりたいことをする（作業遂行）とき、そこには大きく3つの要素が関係しています。

- 「 人 」とは、子ども自身
- 「作業」とは、遊びや身辺処理などの活動
- 「環境」とは、その作業を行うときの場であり、その場を共有する友だちも含みます

　作業遂行は、人－環境－作業の相互交流の結果であり、単に作業に必要な動作を行うことをさしているのではありません。
　つまり、その子の「やりたい」を叶えるためには、その子の運動や能力（人）のみをとらえるのではなく、その子のやりたい遊びのやり方や手段（作業）、誰とどのような場でするのか（環境）をきちんと把握し、変化させていく視点も大切なのです。
　そして、その環境には、私たち関わり手となる大人も含まれているということを、常に念頭においておかなければなりません。

4歳児 「空手のまねっこ」

左右の腕の動きは、違うよ。
大丈夫かな？

活動への導入
- 日頃、経験のない空手に見よう見まねで挑戦する。
- 初めて見る動きや先生の姿に「空手」の凛とした雰囲気を味わう場として取り入れる。

活動の留意点
- 先生の動きを一人ひとりが見やすいように並び方に配慮する。
- 前後左右の間隔をとり、人にぶつからないよう声をかける。わかりにくい子には、近くによって手を添えながら伝える。

ねらい
- 先生の動きに注目し、自分の身体を意識して同じように動かす❶。
- 動きと同時にお腹から「エイ！」と声を出し、お腹に力を入れる。
- 空手に興味をもち、すばやい動きとゆっくりとした動きを感じる❷。
- お腹を中心に姿勢を正しくし、両足を踏んばって体幹を鍛える。

『エイ！』元気なかけ声と動きにみんな、大喜びです。足をしっかり広げて踏ん張って！

作業療法士の視点

❶ 真似とミラーニューロン

　空手という新規な動きをまねすることは、ミラーニューロンをはたらかせる機会となります。ミラーニューロンとは、相手の動きをまねするときにはたらく脳の細胞です。また、相手の動きを見てイメージするだけでもはたらきます。このミラーニューロンは、心の理論（相手の心を読む）と関連していると言われています[10]。すなわち、相手の動作の意図や状況を理解するときには、相手に自分を置き換える必要があります。例えば、両手に大きな荷物を持った状態でドアを開けようとしている人を見たらどう行動するでしょう？「この人は、ドアを開けたいけど両手に大きな荷物を持っているから開けられない」と判断し、ドアを開けてあげるという行動をとると思います。このときに、相手の状況をイメージするためにミラーニューロンをはたらかせることになります。相手の動きをまねる遊びはミラーニューロンの発達に大変重要となります。

　また、ミラーニューロンをはたらかせるためには、自分と他人の身体の共通性が重要で、その基盤に身体図式の発達が必要不可欠と言われています。そのため、まねが苦手という子どもたちは、ジャングルジムなどの遊びを通して、身体図式の発達を育むところから始めてもよいでしょう。

❷ すばやい動きとゆっくりした動き

　すばやい動きは、表層筋（身体の表面についている筋肉）を使います。また、ゆっくり動くときや踏んばるときは、深部筋（身体の深部にある筋肉：一般的にコアマッスルと言われる筋肉）を使います。私たちは、日常生活の中で2種類の筋肉をバランスよく使うことで、生活しています。しかし、表層筋を使うのは得意だけど、深部筋を上手く使えない子どもはどのような動きになるでしょうか？　それは、すばやい動きが多く、ゆっくり・どっしり構えることが難しくなります。多動に見える背景には、筋肉の使い方のアンバランスさもあります。空手の型には、体幹と下肢（足腰）は踏んばり、上肢（腕・手）をすばやく動かす必要があるため、両方の筋肉をバランスよく使うことになります。

4歳児 「お当番さんの仕事(おやつ準備)」

活動への導入

- 前年度からしてきたお当番の活動に、子どもだけでもできるものを増やし、喜び、張り切ってできる役割を取り入れる。

活動の留意点

- １人で持つときは、お盆を両手でしっかり持つこと、２人で持つときは、友だちと歩調や持つ位置を調整しながら歩くようにことばをかける。
- お当番の役割を知り、丁寧に配慮できるよう、ことばをかけながらサポートする。
- 盛りつけられた器の配膳、牛乳やお茶を注ぐことなど、発達に応じてできることを増やしていく。

運びやすい物から慣れていきました。「○○ちゃんのおかずが、ないよ」とお当番さん同士で確認してますね。

ねらい

- グループの仲間意識を高め、自分に任された仕事をこなす経験を重ねていく。
- トレーにのせたおやつや食器を持ち、腕の力を養う。
- 相手とトレーの高さを合わせながら、動きも合わせる経験をする❶。

作業療法士の視点

❶ コミュニケーションの発達

トレーの高さを合わせ、動きも合わせるという要素が入ります。今まで、言葉を使わずに友だちと合わせるという活動を紹介してきましたが、なぜここまで言葉以外のコミュニケーションにこだわるかを説明したいと思います。

コミュニケーションに必要な要素を示したメラビアンの法則があります。これによると、コミュニケーションにおいて言葉は7％、声の抑揚、口調が38％、ジェスチャー、表情が55％としています。

すなわち、コミュニケーション＝言葉ではなく、言葉以外の身体表現が大半を占めるということです。実際、私たちも言葉が通じなくてもジェスチャーや視線などでコミュニケーションをとっています。幼児期には、遊びや生活を通して、十分に身体を通したコミュニケーションを経験しておくことが重要です。

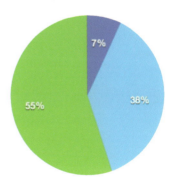

メラビアンの法則
- 言葉 7%
- 声の抑揚、口調 38%
- ジェスチャー、表情 55%

「手押し車」 4歳児

活動への導入	●組み立て体操の中の「一輪車」のポーズが安定してできるようになると「手押し車」の遊びを取り入れる。
活動の留意点	●一輪車の形で手のひらをしっかり地面につけ、身体を支えることができているかを確認する。 ●支える方の子どもが、両手で相手の足首をしっかり握っているかを確認する。 ●進む方向をわかりやすくするために床にテープを貼る。

自分の体重を手のひらで支えることを普段から運動遊びとして繰り返しています。お友だちの足を持ち上げる方も大変だけど、がんばって！

ねらい
- 腕の力・腹筋を育てる❶。
- 相手の動きを見ながら、歩くスピードを調整したり、焦る気持ちをコントロールする力を育てる❷。

作業療法士の視点

❶ 姿勢の発達

　重力に抗してお腹を上げることで、体幹が鍛えられます。体幹が保持できないと肩甲骨が浮いて見えます。手でしっかりと身体を支えるには、肩甲骨を前に押し出した状態を維持する必要があります。この肩甲骨の動きを支える筋肉は、筆圧を高めるために重要であると言われています。小学校での文房具操作には体幹の安定とともに肩甲骨の安定が必要になります。

　スタートした途端にすぐ崩れてしまう子どもに対しては、太ももの辺りを持ってあげるとよいでしょう。足の重さの分の負担がなくなり手で支持しやすくなります。

❷ コミュニケーション

　特に足を持っている子どもは、相手の進む動きを感じながらスピードを調整する必要があります。これは直接、身体を触れ合った状態でのコミュニケーションです。また、前項ではメラビアンの法則を通してコミュニケーションにおける身体の重要性について述べましたが、本項では、コミュニケーションの発達段階にもとづいた活動の段階づけ[11]を紹介します。

- ❶ 自分のからだのイメージを高める活動（例：身体を使った活動）
- ❷ 自分のからだが相手と直接触れて関わる活動（例：二人三脚）
- ❸ 相手とモノを介して関わる活動（例：友だちと一緒に机を運ぶ）
- ❹ 相手と空間を隔てて関わる活動（例：キャッチボール）
- ❺ 相手と主に言葉を用いて関わる活動（例：一般的な言葉でのコミュニケーション）

4歳児 「平均棒キャットウォーク」

活動への導入
- 平均棒を用いる前に、床上の線や平均台上を歩いたり、四つ這いで移動したりする経験を十分にする。
- 平均棒も最初は、2本並べてその上を歩く、次にその上をくま歩き、慣れてきたらキャットウォークと難易度を上げていき、最終、1本の平均棒の上を歩く。

活動の留意点
- 1本の平均棒の上をキャットウォークするのは、非常に難しいので、前段階を繰り返し行う。
- キャットウォークの動きが身につくように、初めは床にビニールテープでラインを引きその上を歩いたり、縄の上を歩くようにして動きのイメージを感じ取っていく。

とても難しい動きだから、前段階の遊びを楽しむことを大切にしています。グッと、お腹に力を入れて！

ねらい

- 慎重に自分の身体を操作する。
- バランス感覚を養う❶。
- 体幹を鍛える。

平均台の上を歩くことから、馴染んでいきます。

平均台に両手を置いて両足でジャンプして飛び越えます…。

作業療法士の視点

❶ 姿勢の発達

　今までのバランス活動の集大成とも言える動きです。四つ這いの姿勢をとることで両手でバランスをとることができなくなるため、中心軸の形成が必要不可欠になります。すなわち「バランス」と「抗重力姿勢」どちらの要素も含まれるということです。そのため、ここに行きつくまでの段階づけが大切なポイントになります。

- 座ってバランスを保つ活動（p.72 木に登ってみよう、p.74 鉄棒わたり）
- 立ってバランスを保つ活動（p.86 サーキット遊び③）

　また、活動の導入にも、2本の平均棒をくま歩きした後に、1本の平均棒でキャットウォークをすることで段階づけされています。この段階づけは、支持面を「広い」から「狭い」へ段階づけていることになります。

　また、それより以前に、床に貼ったテープや縄の上を歩くといった段階づけがされています。テープは、平面で高さもないため低年齢層から活動を導入することが可能です。また、縄は支持面が丸みを帯びており、より平均棒と近い状況となるでしょう。

4歳児 「芝滑り」

① ②

活動への導入
- 芝滑りを目的として、段ボールを持って散歩に行く❶。
- 斜面を滑って遊び、傾斜を感じる。

活動の留意点
- 滑ることに不安を感じる子は、保育士が一緒に滑り、安心して楽しめるようにする。
- 滑ることが恐怖感につながらないよう、各々、大丈夫な高さから滑るようことばをかける。
- 何回か経験する中で、「楽しい」「もっと滑ってみたい」「どうすればよく滑るかな」などの思いをもって、楽しく工夫しながら滑れるよう、見守りながら「今のは早かったね」「もう少し○○してみたらどう？」などとことばをかける。

登ったり、降りたり、散歩コースには、こんな自然がいっぱい！
２歳児クラスの後半からこんな遊びを提供しています。傾斜で
しゃがんだり、立ちあがるだけでも運動ですね。

ねらい

- 自然の中で解放感を感じて遊ぶ。
- 斜面を滑る感覚を楽しむ。
- 座る、うつ伏せ、立つなどのさまざまな姿勢で滑り、滑り具合いの違い、スピードの違いを感じる。
- 腹筋や背筋でしっかり身体を支える❷。

作業療法士の視点

❶ 動機づけ

　広い自然の中で滑ることが楽しく、段ボールを持ちながら斜面を登る姿が印象的な活動です。人は報酬があることでがんばれる生き物です。がんばってがんばって報われたときに、脳の報酬系（ドーパミンというホルモンが放出される）がはたらきます。この報酬は、大人で言えば給料がもらえる、物がもらえるなどが多いと思いますが、子どもの場合は「感覚」が大きな報酬です。特に、この活動は前庭覚の刺激をたくさん感じることができるため、前庭覚の感覚が好きな子ども（動きたいタイプの子）は大いに感覚欲求が満たされる（足りない感覚が満たされる）ことと思います。

❷ 腹臥位伸展

　写真①は、うつ伏せに寝た状態（腹臥位）で頭と上半身を上げる活動です。これは姿勢の発達で大変重要な腹臥位伸展の姿勢です。子どもたちは、前方を見るために自然に頭と上半身を上げることになるはずです。この場面で、「はい、チーズ」と写真をとるのも頭を上げることを促す関わりになるでしょう。

3　保育活動

5歳児 「雑巾作り」

手先を使う様々なあそび

活動への導入

- 5歳児の春から「縫物」を保育の中に取り入れてきたので自分の雑巾作りに挑戦する。
- グループの仕事として取り入れている「ろうかの雑巾がけ」で使用することを伝える。

活動の留意点

- 針を使うので必ず保育士がそばにつき安心して取り組めるように配慮する。（2人ずつ）スペースを確保する。
- 時間は長すぎず、集中が途切れたら終了するよう見守る。
- 針を刺す場所がわかりにくい子には、印を付ける。

細い針を使って集中する時間です。両手の動きが違うので、そばについて手助けを惜しまないこと！楽しみながら挑戦しましょう。

ねらい

- 正しい姿勢で座り、集中し指先を使って丁寧に縫う❶。
- 「上・下・上・下」と針を刺す場所を自分で確認しながら取り組む。
- 針が指に刺さらないように力を加減しながら慎重に取り組む❷。
- 自分で作った雑巾を使って掃除をすることを喜ぶ❸。

作業療法士の視点

❶ ラテラリティの発達

両手動作の中で最も難しいとされる「左右の役割が異なる両手動作」に該当します。写真の子どもは、右手で針を操作しながら、左手は雑巾を押さえる役割をしています。この活動は、小学校へ入学してからの「消しゴムを使うときに紙を押さえていられる」「定規を押さえながら鉛筆を操作できる」「コンパスを使うときに紙を押さえていられる」といった文房具操作につながるはずです。

❷ 運動コントロール

針が指に刺さらないように、固有受容覚を通して運動をコントロールしながら、針を雑巾に刺す角度を調整する必要があります。

❸ 自分で作成することの意義

近年、100円均一ショップでも雑巾が売られているため、雑巾を作る機会も減ってきたかと思います。手間ひまかけて作成した物には愛着が湧き、長く使用できることと思います。消費社会の現代において、時間をかけて作成するという経験を積むことは大変重要だと思います。

5歳児 「雑巾がけ」

① ②

活動への導入
- 8月下旬より「雑巾がけリレー」などを楽しみながら、雑巾で床を拭くことに慣れていく。9月に入り、グループごとに毎日の役割として日替わり当番を決めて廊下の雑巾がけを習慣にする。

活動の留意点
- 保育士も一緒に廊下の雑巾がけをしながら、雑巾の絞り方や床の拭き方、準備、後片づけの仕方を伝える。

「きれいになった」と子どもたちから歓声が上がり、大変な雑巾がけも大好きになりましたね。

ねらい

- 当番活動を通して自分の役割を意識する。
- 決められた当番の仕事を責任をもってする。
- グループの関係を深める。
- 両手、両足、腹筋などを使って、四つ這いで自分の身体を支え、体勢を崩さずに雑巾がけをする❶。
- 足や腹筋を使ってしゃがむ姿勢を保持する。
- 手首をねじり、手先に力を入れて雑巾絞りをする❷。
- 全身を安定して使えるようになる。

作業療法士の視点

❶ 姿勢の発達

近年、掃除は掃除機やモップなど、立って行うことが多くなり、雑巾がけを行う機会が減ってきていると思います。雑巾がけには、姿勢の発達、手の発達に大変重要な動きが含まれます。雑巾で床を拭きながら走っている写真①をご覧ください。しっかりとお腹を上げて重心を前に傾けながら進んでいます。このときには、手に体重がかかるため手で身体を支える必要があります。また足は曲げた状態で持続的に保持され、維持する必要があります。今までのサーキット遊びや木登り、くま歩きや手押し車のように、手を床につけた状態で体重を支える活動や股関節、膝関節を中間位に保ち、踏んばる活動の延長線上にある活動です。そのため、雑巾がけが難しい子どもは前に戻って、サーキット遊びやくま歩きや手押し車遊びを行うのも大切です。

❷ 手の巧緻動作の発達

雑巾を絞るとき、手関節（手首）を背屈（手の甲を上に挙げる）しながら、手の尺骨側（薬指・小指）に力を入れることになり、尺骨側の安定性を高めることになります。尺骨側の安定性が高まることで、橈骨側（親指・人差し指・中指）を動かしやすくなります。すなわち、手の分離運動（3対2の法則）につながります。

5歳児 「カラーコーン倒し」

活動への導入

- チームで考えながら競う遊びとして取り入れる。
- 所要時間は、1分30秒から2分間、音楽をかけている間にカラーコーンを倒すチームと起こすチームにわかれて最後に残ったカラーコーンの数を競う。
- 園庭のスペースが限られているので1チームは、7～8人、カラーコーンは全部で20本とした。

活動の留意点

- ルールとチームの確認を行い、子どもたちに「どこがわかりにくいか」「どこまで理解できたか」を確認しながら説明する。
- 繰り返しゲームを行いながら「どうすれば、チームで協力しながら相手チームに勝てるか」気づけるようにことばをかけ、子ども同士で相談し合うよう配慮する。

5歳児の後半になり、運動発達、集団遊びの集大成の時期です。ルールの理解は、「ことば」とボードに書いた「図」を活用しました。

ねらい

- しゃがむ、立つ、前かがみになるなど、姿勢の変化をすばやく行い、身体のバランスを保ちながら動く。
- カラーコーンを握る力、そっと立てる（起こす）ときの力加減、カラーコーンと自分の距離感、他に倒れているカラーコーンはないか、探しながら移動するなど、多感覚の処理を同時に行う❶。
- 5歳児の終盤になり、チームで協力し、作戦を立てて勝負することで、友だちとの関係を深める。

〈ルール〉
- カラーコーンは手で持って移動させずその場で倒す。
- 足で蹴ったりしない。
- 手で勢いよく叩いて倒さない（必ず横にそっと倒す）。
- 同じ場所にとどまってカラーコーンを確保しない。

作業療法士の視点

❶ 眼球運動、戦略を練る力の発達

　自分チームや相手チームのカラーコーンを見ることに加えて、人の動きも見る必要があり、複雑な眼球運動（追視：サッケード）が育まれます。また、複数の対象（人・モノ）に注意を向ける必要があり、とても難易度が高い活動ですが、「しっぽとりゲーム」のような、動く人（しっぽ）を見ながら走るという経験が、この活動につながります。

　複数の対象に注意を向け、見ることができると、勝つために戦略を練る（運動企画）ことができるようになります。それらの力はサッカーやバスケットボールなどの球技にも通じます。

「縄跳び作り」

活動への導入
- 夏頃からロープを使って三つ編みを練習。
- ロープの三つ編みに慣れたら、短い布（約50㎝）を三つ編みし、しっぽとり用のしっぽとして使って遊ぶ。
- これを繰り返し、クラス全員が三つ編みに慣れてきた頃に長い布での三つ編み（縄跳び作り）にチャレンジする。

活動の留意点
- 三つ編みの仕方を図で表示したり、いつでも三つ編みができるようなコーナーを設置し、個別に練習したりして、一人ひとりが苦手意識なく取り組めるようになるまでじっくりと進めていく。

お部屋の隅にこのボードを常時、設置することで興味をもったときに見ながら楽しむことができます。

ねらい

- 少し難しいことにもチャレンジしようとする。
- 互いに教え合い、考えを伝えたり、受け入れたりしながら友だちとの関係が深まる。
- 自分だけの縄跳びを作り、それを使って遊ぶことを楽しむ。
- 足の親指と人差し指でしっかりと布端を挟み、自分の身体（手）と布との距離感を調節しながら編む。手と足と目の協応[1][2]。
- 目でしっかり確認しながら編む。
- 網目が緩まないように手で調節しながら編む。

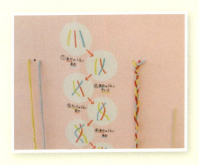

作り方の説明が書かれたボード

作業療法士の視点

[1] 同時処理機能の発達

足の指で布を挟み、両手を協調させながら編むといった手足の役割分担が必要です。すなわち、身体の複数の部位に注意を向ける必要があり、同時処理機能（複数の事柄を同時に処理する：○○しながら△△する）を高めます。

[2] 継次処理機能の発達

三つ編みの特徴は、「右、左、右、左」と順序立てて動作を行うことになります。頭の中でも呪文のように唱えながら、手を動かす子どももいると思います。このように順序立てた行動は、ワーキングメモリを主とした継次処理機能（物事を時系列に沿って処理する：○○して△△して…）を高めます。

「縄跳び」 （5歳児）

活動への導入
- 縄跳びの練習をするために、自分で手作りの縄跳びを作る。
- 縄跳びの前段階として、縄を自由に使いこなす動きを遊びの中に取り入れる。

活動の留意点
- 縄を作る段階で縄の長さや編む強さなどを個々に調整する。
- 自分の縄を大切に扱えるように名前をつけたり、片づける袋を準備する。
- 自分の縄を繰り返し使って遊ぶことで、慣れて自由自在に扱えるように時間をつくる。
- さまざまな遊び方を友だちと共有していけるようことばをかける。

普段の園庭遊びでも、大縄跳びを先生と楽しめるようにしています。

ねらい
- 腕をしっかり動かして縄を回す。
- 縄を回すタイミングとジャンプするタイミングを身につける。
- 自分の周囲に目を向け、縄の長さや人との距離を判断する。

作業療法士の視点

❗ 縄跳び活動について

縄跳び活動とは、大きく3つの要素に分けて分析します。

①姿勢をまっすぐ保つ、②手をスムーズに回すための固有受容覚、③跳ぶタイミング

①に関して、姿勢をまっすぐ保てない子どもは、前に大きくくずれ（くの字タイプ）どんどん前に進んで行くことがあります。そのような場合、その場でまっすぐ跳び続けるために、トランポリンを跳ぶことで姿勢をまっすぐ保つことから始めるのも一つです。

②に関して、縄跳びで手を回すときは、縄の動きを手の固有受容覚を通して感じることになります。この感覚を感じにくい子どもは、縄の位置や、手の動きを捉えにくいため、縄の回し方が一定しない傾向にあります。そこで、縄を回している感覚がしっかり手に伝わるようにするため、「縄の中央を重くする」「持ち手を重くする」などの工夫が必要となります。この三つ編み縄は、重さがあり、握っている感覚がわかりやすく、跳びやすいと考えられます。また、手首の動きがわかりにくい場合、肩で大きく縄を回している場合があります。手首は肩に比べて、動きを小さく速くすることが可能です。肘を身体の側面で固定し縄を手首で回せることは、連続跳びの前段階となるでしょう。

③に関して、タイミングが合いにくい子どもの場合は、走りながら跳ぶ、「くるっぴょん」と音でリズムを補助する、大縄でタイミングをはかるなども有効かもしれません。

参考文献

1）A.J.Ayres（1982）：こどもの発達と感覚統合．協同医書出版社．
2）A. J .Harris（1958）：Harris tests of lateral dominance. New York The Psychological Cop.
3）中川信子：on line.（http://bp.shogakukan.co.jp/n-nakagawa/clm/clm01/index.html）
4）乾敏郎（2013）：脳科学からみる子どもの心の育ち．ミネルヴァ書房．
5）日本作業療法士協会（2013）：2012年度日本作業療法士協会会員統計資料．日本作業療法士協会誌18, 6-21.
6）Workforce Trends in Occupational Therapy（2010）：online（URL://www.aOTa.org/-/media/Corporate/Files/EducationCareers/Prospective/Workforce-trends-in-OT.ashx）
7）Rens, L（2014）：nvestigating the experiences in a school-based occupational therapy program to inform community-based paediatric occupational therapy practice. Australian Occupational Therapy Journal, Vol61, Issue 3, pp 148–158.
8）加藤寿宏 他（2010）：子どもは自分の運動能力をどのくらい正確に把握しているのか？．作業療法, 29, 73-82.
9）M.Law et al（1996）：The Person-Environment-Occupation Model: A Transactive Approach to Occupational Performance. Canadian Journal of Occupational Therapy 63(1), 9-23.
10）子安増生 他（2011）：ミラーニューロンと＜心の理論＞．新曜社．
11）宮崎義博 他（2013）：SSTや集団場面での作業療法士の役割．作業療法ジャーナル47 1007-1012.

おわりに

　最後まで読んでいただきありがとうございます。保育士と作業療法士がコラボレーションすることで、今までとは一味違う内容だったのではないでしょうか？

　私は、恵まれたことに、病院での作業療法を行うとともに、保育園や幼稚園に伺う機会をいただいております。その機会を通して、保育現場ではすばらしく楽しい活動がたくさん繰り広げられているということを目の当たりにしたのです。しかし、「この活動が子どもの発達におけるどの部分と関連が深いのか？」「どういう子どもにオススメなのか？」これらの視点が十分でないままに展開されていました。

　そこで、作業療法士が得意とする活動分析の視点を掛け合わせることにより、質の高い保育活動につながったというご意見をいただきました。これこそ、職種を超えてコラボレーションするメリットではないかと感じています。これをきっかけに、保育士と作業療法士が、協働できる機会が広がることを切に願っております。

作業療法士を代表して　高畑脩平

　私が、初めて作業療法士の先生のお話を聞いたとき、目からウロコがたくさん落ち「この視点こそ保育の現場に必要だ！」と思いました。そのとき以来、保育の現場に作業療法士が来てくれることを夢見ていました。

　子どもの外見上の行動からその子の感覚機能の特性をとらえ、その特性から行動要因を導き出して子ども理解をする作業療法士の視点から「○○できないのは〜〜の理由があるからだ」ということがわかるようになり、その視点を得ることで私たち保育者は、子どもの実態に即した具体的な支援の仕方や遊び方の工夫ができるようになりました。こうして作業療法士と保育士とのコラボレーションにより、私たちは日常の生活と遊びの中で子どもの発達をサポートできるようになります。今後さらにこのコラボレーションが拡がり、子どもたちが心も身体も健やかに成長できることを願っています。

　最後になりましたが、この本の出版にあたり熱心にご指導くださいました加藤寿宏先生、編集アドバイザーとして携わってくださいました玉村公二彦先生、能地由貴子先生、米田光子先生、そしてともに遊びたくさんの気づきと学びの機会を与えてくれた子どもたち、写真の提供を快く同意してくださった保護者の方々、クリエイツかもがわの田島英二さん、菅田亮さんに心より感謝いたします。

あいのそのこども園　園長　大久保めぐみ

- **監修**
  加藤　寿宏（関西医科大学 リハビリテーション学科 教授）

- **編集代表者**
  高畑　脩平（藍野大学 医療保健学部 作業療法学科 講師）
  田中　佳子（学校法人カトリック・マリスト会学園 登美が丘カトリック幼稚園 特別支援教育士）
  大久保めぐみ（あいのそのこども園 園長）

- **分担執筆者**
  〈作業療法士〉
  笹井　武広（元奈良県総合リハビリテーションセンター）
  松村　エリ（フリーランス）
  狩野　麻里（奈良県総合リハビリテーションセンター）
  谷口佳菜子（奈良県総合リハビリテーションセンター）
  鯉田沙祐里（元奈良県総合リハビリテーションセンター）

  〈保育士〉
  上田　美（株式会社BASEともかな FLOW香芝）
  あいのそのこども園

- **編集アドバイザー**
  玉村公二彦（京都女子大学 教授）
  能地由貴子（あけぼの会桃の木保育園 園長）
  米田　光子（右京こだま保育園 園長）

- **イラスト**　谷口佳菜子

- **連絡先**
  あいのそのこども園　〒630-8113　奈良市法蓮町986-73　電話：0742-26-4302
  https://ainosonoko.or.jp/

乳幼児期の感覚統合遊び
〜保育士と作業療法士のコラボレーション〜

2016年 7月15日　初版発行
2025年 1月20日　第11刷発行

監修者●加藤寿宏
編著者●ⓒ高畑脩平・田中佳子・大久保めぐみ
発行者●田島英二
発行所●株式会社 クリエイツかもがわ
　　　〒601-8382 京都市南区吉祥院石原上川原町21
　　　電話 075(661)5741　FAX 075(693)6605
　　　http://www.creates-k.co.jp
　　　郵便振替　00990-7-150584
デザイン●菅田 亮
印 刷 所●モリモト印刷株式会社
ISBN978-4-86342-188-2 C0037　printed in japan

本書の内容の一部あるいは全部を無断で複写（コピー）・複製することは、特定の場合を除き、著作者・出版社の権利の侵害になります。

● 好評既刊本

保育園に心理士がやってきた　多職種連携が保育の質をあげる
塩谷索・吉田かける・藤原朝洋／編著

心理士は保育園に新たな機能を加えるのではなく、今ある機能を強化する。要支援児への個別支援が充実し、すべての園児が活動参加できる工夫が生まれる。常勤心理士が保育士と連携し保育の質の向上をめざす画期的な取り組み。　　2420円

運動の不器用さがある子どもへのアプローチ
作業療法士が考えるDCD（発達性協調運動症）　東恩納拓也／著　**3刷**

DCDの基本的な知識から運動の不器用さの捉え方、アプローチの流れとポイント、個別と集団の実践事例。課題の工夫や環境調整など、周りが変わることで子どもの力は十分に発揮できる！　　2200円

みんなでつなぐ　読み書き支援プログラム
井川典克／監修　高畑脩平・奥津光佳・萩原広道・特定非営利活動法人はびりす／編著　**8刷**

繰り返し学習、点つなぎ、なぞり書きでいいの？ 一人ひとりの支援とは？ 読み書きの難しさをアセスメントし、子どもの強みを活かすオーダーメイドのプログラム82。教育現場での学習支援を想定し、理論を体系化、支援・指導につながる工夫とプログラムが満載！　　2420円

子どもと作戦会議 CO-OP アプローチ入門
塩津裕康／著　**3刷**

CO-OP（コアップ）とは、自分で目標を選び、解決法を発見し、スキル習得を実現する、子どもを中心とした問題解決アプローチ。子どもにとって大切なことを、子どもの世界で実現できるような取り組みで、「できた」をかなえる。　　2420円

子どものやってみたい！を育てる　みやもっち体育
宮本忠男／著

ちょっと苦手な運動を"やってみようかな"に変えるヒントがいっぱい！ いつものあそびから、その運動に似ている動きを組み合わせ、子どもの「これならできそう」につなげます。ストーリー性をもたせた「みやもっち体育プログラム」。　　1980円

気になる子の秘められた魅力
近藤直子／著

保育の場でよくあげられる、気になる行動を取り上げ、なぜその行動をするのか、どんな取り組みのなかで変化するのかを考える。理由がわかると「みんなと違って気になるところ」を魅力に変える手がかりが見えてくる。　　1100円

発達を学ぶちいさな本　子どもの心に聴きながら
白石正久／文・写真　**6刷**

「とりあえず、とりあえず」"願い"と"現実の自分"のずれの中で、自分にそう言い聞かせて──。どんなに幼い子どもでも、それぞれの発達時期において、その時期らしい願いをもっている。0歳から5歳までの心と身体の発達の道すじを、たくさんの写真とともにたどる。　　1320円

子ども理解からはじめる感覚統合遊び
保育者と作業療法士のコラボレーション
加藤寿宏／監修　高畑脩平・萩原広道・田中佳子・大久保めぐみ／編著　**10刷**

保育者と作業療法士がコラボして、子どもの気になる行動を、感覚統合のトラブルの視点から10タイプに分類。①その行動の理由を理解、②支援の方向性を考える、③集団遊びや設定を紹介。　　1980円

https://www.creates-k.co.jp/

好評既刊本

すべての小中学校に「学校作業療法室」 飛騨市の挑戦が未来を照らす
塩津裕康／監修　大嶋伸雄・都竹淳也・都竹信也・青木陽子・山口清明・奥津光佳／編著

日本初!!　心と身体と社会をつなぐ専門家・作業療法士が常駐―教員の負担を減らしながら発達の悩みに寄り添う学びで「できる」を増やす。少子高齢化・過疎化が著しい小さな自治体の先駆的挑戦！誰も取りこぼさないHIDA-MODEL。
2200円

いちばんはじまりの本　赤ちゃんをむかえる前から読む発達のレシピ
井川典克／監修　大村祥恵、町村純子、特定非営利活動法人はぴりす／編著

あじわい深い子育てをみんなで楽しむ"いちばんはじまりの本"助産師・保健師・作業療法士・理学療法士・言語聴覚士・保育士・医師・市長・市議会議員・家族の立場、みんなで描く"こどもがまんなかの子育て"。胎児期から学童期までのよくある相談を見開きQ&Aで紹介！
2200円

こどもと家族が人生描く　発達の地図
山口清明・北島静香・特定非営利活動法人はぴりす／著

子育て家族のべ3万人以上、10万件に近い発達相談を受けてきた作業療法士がつくりあげた『発達の地図』。3つの道具と9つの質問で自分と対話し、1枚の「地図」を描くだけで、こどもと家族の未来は希望に輝く！
2970円

地域作業療法ガイドブック　子ども編
小林隆司／監修　佐々木将芳・糸山智栄・藤崎咲子・田中雅美／編著

「学童保育×作業療法士」から始まった地域連携のムーブメント！　いまや保育所・幼稚園、特別支援教育だけでなく通常学校、放課後等デイサービス…豊富な実践事例をガイドに、あなたも「地域作業療法×多職種連携」に取り組もう!!
2640円

学童期の感覚統合遊び　学童保育と作業療法士のコラボレーション
太田篤志／監修　森川芳彦×角野いずみ・豊島真弓・鍋倉功・松村エリ×山本隆／編著

画期的な学童保育指導員と作業療法士のコラボ！
指導員が2ページ見開きで普段の遊びを紹介×作業療法士が2ページ見開きで感覚統合の視点で分析。子どもたちに育んでほしい力をつける！
2200円

実践！ ムーブメント教育・療法　楽しく動いて、からだ・あたま・こころを育てる
小林芳文／監修　阿部美穂子／編著　NPO法人日本ムーブメント教育・療法協会／著

インクルーシブな活動として、保育・教育、特別支援、障害者・高齢者福祉で取り入れられ活用！楽しく体を動かして、主体的に環境にかかわり、感覚・知覚・精神運動の力を育み、自己有能感と生きる喜びを獲得する。
2200円

子どもたちが笑顔で育つムーブメント療育
小林芳文／監修　小林保子・花岡純子／編著

重い障がいのある子どもたちへの実践から、子どもと家族を笑顔にし、発達を支援するムーブメント教育・療法。子どもの育ちの原点である楽しい運動遊びを通して「からだ（動くこと）、あたま（考えること）・こころ（感じること）」の発達を応援する。
2420円

あたし研究　自閉症スペクトラム〜小道モコの場合　1980円
あたし研究2　自閉症スペクトラム〜小道モコの場合　2200円

自閉症スペクトラムの当事者が「ありのままにその人らしく生きられる」社会を願って語りだす―知れば知るほど私の世界はおもしろいし、理解と工夫ヒトツでのびのびと自分らしく歩いていける！

https://www.creates-k.co.jp/